U0864142

冰心散文奖获得者戴荣里新作

视　野

戴荣里学术文集

戴荣里⊙著

中国三峡出版传媒
中国三峡出版社

图书在版编目（CIP）数据

视野：戴荣里学术文集 / 戴荣里著 . — 北京：
中国三峡出版社，2016.9
ISBN 978-7-80223-938-8

Ⅰ. ①视… Ⅱ. ①戴… Ⅲ. ①社会科学—文集Ⅳ. ① G53

中国版本图书馆 CIP 数据核字（2016）第 224051 号

中国三峡出版社出版发行

（北京市西城区西廊下胡同51号　100034）
电话：（010）66117828　66116828
http：// www.zgsxcbs.cn
E-mail：sanxiaz@sina.com

北京市十月印刷有限公司印刷　新华书店经销

2016年10月第1版　2016年10月第1次印刷

开本：710 × 1000　1/16　印张：15

字数：223千

ISBN 978-7-80223-938-8　定价：29.80元

谨以此书献给我敬爱的导师、师母

刘大椿教授、万重英老师

自序

从2009年10月正式调入北京来工作，转眼已经五年了。在这五年中，最值得纪念的有几件事。其中一件事就是来北京的第二年，我被中国人民大学科技哲学专业录取为博士生，师从一级教授刘大椿教授，从此人生发生新的改变。原本一直坚持的工作、写作两条腿走路的方针转换新轨，在学术追求的道路上又开始了新的探索。

从现场施工到醉心学术，这种转变既要有生理上的适应，更要有思想上的准备与坚持；从对文学作品信马由缰的自由书写到严谨多维的逻辑推理；从左右逢源的社会交往到图书馆的淡定自然；从纵横驰骋的狂言大语到谦和谨慎的你来我往；从对尘世的名利纷扰到寂静如水的自省自觉。人大读博的过程，也是我人生格局、理念发生重大转变的过程。生活的格调变了，工作的方式变了，写作的区域变了。

十分感谢如父母一般亲切的导师、师母。导师的学术令我敬仰，导师的人品令我崇尚；师母之爱令我感佩，师母之心令我愧疚。我十分珍惜这份来北京后所得的来自父辈的深情厚爱。师门一家人，每位学长和师弟、师妹，给我以力量，助我以信心，对他们，我心存感恩之心。

在北京，我荣幸地两次参加了鲁迅文学院的学习。一次是英语班，一次是报告文学班。有缘与众多同学相识、相知。此间，承蒙程青的垂爱，在《瞭望》杂志“视野”专栏发表了数十篇文章，这也是这本书名称的由来。程青编辑的这个栏目，聚拢了大批优秀的学者和思想家，幸列其中，一则感谢程青，再则感谢各位同道的支持，也希望今后能在《瞭望》上成为读者喜爱的作者。

在任职北京自然辩证法副秘书长期间，得以和北京市科协合作，申报的“北京公铁立交排水系统研究”和“城市周边建设对大气污染的影响研究”两个项目获得批准立项，围绕这两个项目，我对城市建设相关问题进行了深入的思考，为此撰写了系列相关论文，也择要选编在本书中。

本书所有文字都曾在各类学术报刊上发表过，其中所收集的各类学术论文和文学评论，虽略显杂乱无章，但真实记录了这五年的学术探索过程，也一并摆在这里，算做对历史记忆的梳理吧。年终岁尾，室内温暖的阳光和窗外凛冽的寒风互为表里，打扫这些文章的时候，感觉到自己没有愧对过去的时光。

值得感恩的还有同门、单位同事、同乡尊兄等等，他们在不同的阶段给我以不同的精神鼓舞。也不会忘记在北京建筑大学给 MBA 学生授课时，与同学们互动教学的快乐。学习让我失去了灯红酒绿的快感，但让我获得身心爽利的感觉。感谢这个的美丽世界和那么多善良者！感谢过往的所有朋友们！

目录

第一篇 城市规划、建设与管理

第二篇 铁路建设的思考

第三篇　科学技术创新与人文伦理

第四篇　企业文化

第五篇　教育问题的思考

第六篇　对当下生活文化的思考

第七篇 书 评

后 记

第一篇　城市规划、建设与管理

我们要建设什么样的世界城市

笔者在京参加了探讨世界城市建设话题的论坛，感受很深。一则是世界城市建设被社会各界重视令人欣喜，二则是世界城市理念多元化的发展令人感慨。众多学者、专家、官员对城市一体化、城市建筑规模和交通疏导、人口控制都做了多角度的总结与探讨，对城市未来发展定位具有十分重要的意义。过后细思，感觉世界城市建设，不仅是当下的热门话题，也不仅仅有助于未来城市规模的控制，它还将直接影响我们当前的国策和未来的可持续发展，确有仔细梳理给予明确界定的必要。

我国有没有建设世界城市的必要？这是不容回避的问题。世界城市的概念一出，我国直辖市和众多省会城市纷纷开展围绕世界城市建设方面的研讨，世界城市建设成为众人关注的焦点，有些城市在探讨世界城市建设时，边探讨，边建设，积累了很多可贵的经验，当然也有很多惨痛的教训。令人遗憾的是，世界城市建设也成为某些组织和人群对城市发展的概念化噱头。无论我们对世界城市的理解如何深刻或肤浅，但世界城市对中国的意义到底在哪里？世界城市是指对世界具有重大影响力和控制力的城市，世界城市的发展首先应遵循自发演绎的规律，而不能刻意在短期内妄想在中国内建起一系列仅在建筑规模上的所谓“世界城市”，世界城市应该是具有深厚的文化积淀、和谐美好的自然和人文环境，形成政治、经济、文化核心特有的价值意义，舍此而片面追求外在形式上的世界城市，带来的可能是更多的灾难性问题。

世界城市建设应该走怎样的一条道路？这是摆在城市决策者面前的大事。依北京市的城市发展而言，城市建设一直走在矛盾发展的道路上。世界城市的建设是历史的延续、文化的提升、市民的生存需求和时代发展的结合体，它离不开城市的现状。北京市人口、交通、资源之间的关系问题日益突出，仅以交通拥挤为例，不仅仅是道路、车辆存在问题，还关乎市民居住与就业的关系，关系到城市区域分割是否合理。北京城市化建设的被动状况不是一朝一夕所带来的，也不能指望短期解决。注重城市主动化应对超越被动式应付才有利于问题的解决。外泄式的城市规划设计，要求超前配置城市外环、外延交通体系，建立配套的功能分区，外迁大型的工矿企业，限制或杜绝北京城市中心区的大拆大建，对文物进行系统保护，注重建筑与人的关系的妥善处理，注重城市的可持续发展，注重市民居住的合理布置和妥善处理居业关系，运用系统化理论协调整个城市的发展。

世界城市建设要避免堕入各种误区。贪大求洋、好高骛远、不切实际、追求概念化、头痛医头脚痛医脚、城郊悬殊化发展、靠不断扩展建筑规模和区域营造城市影响力、居业关系处理失当、孤立强调城市中心地位而忽视与其他城市的多维互动、缺少与其他世界城市的良性呼应、一厢情愿式地追求建筑的高大与奇特、疏于对外来人口的管理与尊重、缺乏明确导向的城市文化定位、忽视人口密度与城市功能区的紧密结合、缺少循序渐进而追求建设的高速度、城市制度管理的失衡、总部经济的规模失衡，等等，这些误区既有局部细节，又涉及宏观大局，必须用系统论的观点加以系统解决。

世界城市建设对其他城市建设具有借鉴意义。国内其他城市的发展不需要完全照搬世界城市的发展经验，但外泄式发展模式则会给其他城市的发展带来很大的借鉴作用：注重产业经济的专业化，提高文化创意产业和高科技产业在经济结构中的比例，加快智慧化城市建设进度，这将对一个城市改变大量拆迁重建、越建越大的模式有很好的调节作用，对一个城市的健康持续发展将起到积极的作用。

总之，世界城市建设是个既现实又长远的话题，正视世界城市发展的现实性、科学性和递进性，才能在促进世界城市发展过程中，形成一条文化衔接平顺、市民乐意接受、有利于后世发展的不留遗憾的道路。有专家预测，北京将在三十年后建成世界城市，对此笔者不敢苟同。正如众多专家对城市人口的预测不断被实际增长的人口数量所否定一样，世界城市的建设也绝不是建筑规模的扩大和城市交通的顺畅所能涵盖的，而更多的可能体现在文化底蕴、市民生活的舒适度以及外来人口的美好感觉上。片面追求世界城市抵达的时间无异于守株待兔，靠国外模式推进中国世界城市建设的尝试可能存在着忽视中国传统文化和人口基数过大所带来的具体问题，而行之有效的途径或许是基于系统解决城市问题的顶层关照，在建设中妥善处理人与建筑、人与自然的关系，充分运用现代技术提升城市的运行效率，打造智慧城市，使世界城市建设不至于成为空洞的概念或者扰民的大肆建筑活动，让市民在幸福感中迎接世界城市的到来。

规划者承载的不是一代人的责任

城市是不同时期规划的沉淀，一个城市的拆迁问题大多是因为不同时期的建筑遗留和现实发展产生了矛盾。早期规划好的城市，在发展过程中拆迁量就少；在大肆拆迁的地区，要么是城市领导者的一意孤行，要么是历史留下的欠账太多。城市规划值得我们去深入思考和研究的意义就在于：怎样从历史的继承中看现在的规划，又怎样靠现在的规划设计美好的未来。

随着城市经济的快速发展，城市规划的千篇一律日渐呈现出来。这突出地体现在城市的混凝土森林化，在城市发展的设计上，追求大面积的广场，讲究高大洋的建筑规模，在城市的一些标志性建筑的设计上，更是追求新奇，一系列怪异的建筑如雨后春笋一样在各大城市蔓延，动辄请外国设计师来规划我们的城区，使得一些城市显得不伦不类。在南方某大城市，一个好端端的山水相依的生态环境被规划者武断地破坏，湿地和千年古树顷刻消失，让居民扼腕叹息。规划者红笔一挥，可能就断送了一个城市或一个区域延续多年的文脉；在保留古建筑的某北方城市，为了建设一座火车站而拆除掉历史悠久的古建筑，后来发现这个城市好像缺少了什么，现在该市正筹划着恢复拆掉的古建筑。这种前面拆除后面重建的令人啼笑皆非的规划事件绝非个例。

城市规划的朝令夕改体现了一些主政者的阶段性政绩观念，因此，专业规划设计者的美好建议往往沦为一种梦想，决策者的一句话足以毁掉一支团队数十年的心血。城市发展需要科学的规划，一些西方国家一战以前设计的建筑仍然能使用到现在，充分体现了城市规划的重要性。

我们也具有悠久的城市规划传统，但因为坚持得不好，加之历史上出现断层，使得城市规划没有更好地跟上城市发展的步伐。特别是近年来，随着城市经济的飞速发展，一些城市为了从规模上赶上发达城市，拼命跟风；为了解决外来人口居住问题，盲目建住宅区；有的则不顾地理环境的限制，在不良地质上修建大型建筑，城市的建筑生态受到很大的破坏。在一段时期之内，城市规划没有为城市建筑提供一种良好的指引，特别是近年来，房地产业的畸形发展，更是为城市的未来规划带来难以克服的巨大弊端。如果说今天的拆迁有相当一部分源自于历史上规范或者不规范的城市规划，那么，未来城市的大量拆迁可能就是今天我们盲目规划的结果。

对生活在城市的人来说，越来越逼仄的生活环境压抑着他们的神经。拥挤的交通、高耸云端的高楼、缺少阳光和绿地的空间，这些成为城市居民不得不面对的生活状态。假如我们在新中国成立之初，能耐心把工业厂区和公务办公区移到周边地区，北京的核心区域至今恐怕也会保持古城的优美。而残酷的现实告诉我们，大量的城市采水已经让一些城市面临着城市水资源枯竭的厄运，城市规划的弊端已经在历史的不同阶段警醒我们，短视的规划必然带来长久的危害。

说城市规划者是建筑安全的肇事者一点也不过分。倘若设计不周，城市建筑集中采水不仅直接关联着城市居民将来无水可吃，更重要的是可能地下水的淘干最终会引起地基下沉、房屋倒塌。不合理的规划和设计还会导致人员的过度集中，纵使加大道路和桥梁的设计量也难以让一个城市成为优雅的所在。当拥挤的交通为城市居民所诟病，城市品牌也就不复存在了。

优美的城市需要规划者的深入思考。城市规划者把城市居民放到什么层次上考虑就会有什么样的规划效果。如果我们想不为未来的历史留下遗憾，如果我们想要为我们的后代留下更多生存的空间，就需要我们好好研究一下城市规划与建筑安全的关系，从历史中搜寻教训和经验，让城市的建筑生态能有一个更好的发展。

落在城市规划者肩头上的责任是历史、现实和未来多重责任的叠加，不轻易地决策意味着城市决策者不要去做急功近利之事。每当我们在城市的街道中看到孤零零保留下来的一棵古树，我们就会为伴随古树的那些古建筑的丢失而遗憾。城市建设不可能不拆迁，但拆迁的多与少则值得深入研究。城市规划是个系统工程，所以单纯地强调城市规划的技术性而忽视它的人文性，最终酿成的苦果可能不只是一代人去品尝。

规划者承载的不是一代人的责任。倘若一个城市为着当下的风光而设计，为着满足城市主要管理者的政绩需要而建设，为了追赶某个不切实际的目标而规划，这样的结果自然可想而知。我们不可能要求一个规划者有洞穿历史几百年的宏伟大略，但几十年的发展眼光总是要有的。多为城市留一点发展的空间，让城市更加宜居，适度考虑城市建筑在城市变迁中的安全，遇到自然灾害时的安全，才能让我们的城市更加招人喜爱。

城市外泄规划设计与城市公共安全

一个城市往往是建筑的集合体，但建筑的摆放却渗透着政治、经济、科学等多方面的原因。古老城市的特点就是积淀了不同历史时期设计者的智慧、统治者的意志、经济发展的成果、科学设计的精髓。当然也给我们留下了不同历史时期的腐朽设计思想、难以一时化解的众多难题。中国在走向世界历史的进程中，北京、上海、广州等大城市，近年来的建造实践证明，没有更加明确的设计原则，一个城市可能就会陷入“拆迁—重建—拆迁”的怪圈。城市的发展是历史承接性的发展，城市的建筑文化不是单凭拆迁就能改变的。一个城市的建筑特色需要城市规划人员和决策者慎重思考，要着力思考在整个历史发展过程中，城市的文化脉动和民众需要。在中国大规模的城市建设中，城市的千篇一律性渐渐让原本很有特色的古城失去了历史的韵味。城市之间的竞争，变成了高楼大厦的比拼，从江南到江北，城市日渐给人以混凝土森林的感觉。一方面，高耸入云的大楼代表着一个城市的现代化程度和经济发展的速度，另一方面城市的冷漠和功能化的丧失却变得越来越不适合人们的居住。即使在昔日令人心旷神怡的城市，因为大肆拆迁，重新建设起高楼，让初尝新鲜感的市民很快感觉到生活的无味和环境的逼迫。

现代城市的高楼林立并没有给城市居民带来幸福感，相反，在城市的很多地带，人们冬天生活在缺少阳光的环境里，夏天拥挤在喧闹的街道上。代表着现代文明的城市却更多地让城市居民感受到高科技的负面影响。建筑技术的飞速发展并没有给城市居民带来更多的身心愉快的生活空间和工作空间，相反，带来的却是无尽的冷漠和生活环境的恶化。随之而来的垃圾污染、光污染、声污染逐年增多，伴随着污染引起的人们生活安全度的减少，同时，老城区也存在着更多的交通安全和用电、用水安全和自然灾害引发的因城市设施处理不善造成的安全问题。在北京等大型城市，一方面在城市核心地带，不断拆除和新耸立的大楼越建越高，另一方面在北京近郊和其他区县的城市建筑却没有得到很好的规划。城市中心的繁荣和城市周边的规划滞后形成十分鲜明的对比。将来随着城市的发展，这些现在建了不过一二十年的周边郊区建筑，所面临的悲剧就是拆迁，除了建筑费用的增加外，为城市未来的建筑空间拓展带来了更大的困难。注重城市建设的前瞻性，不可避免的就要正视我们城市的现有规划，更要全面考虑周边的规划设计。作为北京市，不能采取县区为单元的规划设计系统，而应该走统一规划的路子。北京未来的发展，已经没有更多的土地资源可供占用，一个城市的建筑体系需要重新构建和形成今后的建筑原则。我国在计划经济时代形成的建筑设计原则“经济、实用、在可能的条件下注意美观”的设计理念，正越来越受到现实的考验和挑战，虽然这一原则在经济不发达的历史时期曾经起到了的促进作用。但今天看来，千篇一律的建筑模式让改革开放以前的不少建筑成了必须拆迁的危险建筑物。和北京城市历代留下来的古老建筑相比，这些当代建筑物的可悲结局从一个角度上诠释了建筑的模式化给我们带来的危害。目前北京城市的建设正以前所未有的建设规模在展开，出现了众彩纷呈的建筑局面，但在北京城市的建设过程中，系统化的设计和富有指导性的建设理念还没有真正建立起来。专家的科学研讨和领导的果断决策还没有很好地结合起来。历史是最好的老师，如果在我们今后子孙中，让他们充分感受到我们现在设计的建筑具有鲜明的特点，同时适宜居住，舍不得拆掉，说明我们现在的设计起码有很多可靠之处。历史文物学家可能偏向于历史的保护而指责那些随意拆迁的人，认为他们没有文化，但客观的事实是，一些文物已经成了建筑的可怜躯壳，没有更多的文化承载能让人们感受这些建筑物的历史含金量。相反，那些设计精到的古建筑，即使没有文化的人也不会在它面前随意褒贬。我们不能要求我们的每一件城市建筑物都成为建筑精品，我们期待北京城市的发展一定要走出一条具有鲜明时代特色的路线，能给后人留下美丽的生存空间。我们之所以惊叹西方城市的古老、美丽，我们也惊叹在伦敦等一些大型城市，即使二战时期的地下管道人们至今也很从容地在使用着。这些建筑的闪光点和周到之处其实只要在我们今后的设计中予以重视，我们同样可以做到。城市的发展离不开建筑的发展，而建筑物的建造则可能延缓或加速城市的发展，影响城市的公共安全。在建筑设计中，充分认识建筑的现代公用性和历史延展性，是保证规划设计合理的最基本的一点。城市外泄化设计，就是把城市功能不断完善化，在城市建设过程中，充分考虑城市既有建筑的更新、改造、变异，扩大旧城的绿地面积，同时又为新城建设日渐规模化、科学化提供可能性，使新城市建设能在一种可持续发展中保持建筑的历史承接性，而非不断陷入拆除旧城建新城的怪圈，从而使这样建筑的特点给城市本身带来更多的发展空间，能让城市自我造血和净化，更能让城市规划者自觉地履行人性化设计理念，创造城市的多元化格局。

一、北京城市建设的现状问题分析

北京城市建设存在诸多问题，这些问题突出表现在以下几个方面：

（1）北京是一座历史古城，每个时代的决策者都面临着如何面对历史和现实的问题。建国初期，梁思成先生的离城办公理论没有得到认可，造成这座城市整体框架设计在理念失败的框架下，一再滑坡。北京作为六朝古都，之所以出现目前的拥堵状况，与这一理论没有得到贯彻，众多单位集中于城市核心地带关系巨大。在此框架下，人们只好采取拆了重建或者向高楼发展的模式，破坏了历史古城的原有风韵。如果今天有人再试图提出恢复北京城的古老风貌，无疑是异想天开。

（2）北京是我国的首都，是经济政治文化中心，造成政府各部委、大型国有企业云集于此。通过经年的发展，这些单位工作机构和人员日渐庞大，除了其正常的办公功能的需求外，大量的住房需求成了这些单位现有人员急需解决的问题。

（3）北京城市建设过程中，偏向于狭窄马路的设计理念和环形路的设计，使北京的交通变得十分拥堵；除了极少部分城市轨道线路现在是主动式超前设计外，大部分线路还存在着被动设计的特点。一方面因地铁施工危及城市公共安全的事情时有发生，另一方面，这种追着城市发展而发展的被动地铁建设理念(当然也多因有历史上经济不发达的原因所造成)，为道路的科学化设计和安全可靠性带来了很多弊端。汽车客运设计和火车客运设计还不能一体化。

（4）城市外来人口的增多，增加了这个城市安全防控的难度。在越来越多的外来人口中，北京正接受着更多的房屋压力和公共设施的压力。而外来人口的多元化(农民工等外来重体力务工人员、高智商工作者、上访人员和盲流、外国人员及外地游客等)给这座城市带来更多的生活需求和城市安全防控难度的增大。强大的居住需求为城市房屋的拥有者提供了出租的可能性，也带来了各式各样的物理性安全和思想性安全问题。

（5）在北京的建筑中，城市道路的改造缺少系统性的规划，在处理建设与文物保护的关系时，尽管做了很多努力，但是在一些地区，文物规划设计还不到位，造成了文物古迹的相对隔离，缺少系统性和一体化；对部分文物的象征性保护使得城市道路中的古树成为北京城市发展的控诉者。这种对历史文物的割裂式的保护给市民带来一种生活的不安定感。心理上暗含着重要的历史文物不被尊重，我等草民亦当如何的深层不安心理。因为交通设计的非周密性设计也给公众带来现代城市的不安全感。主要表现在临近城市主要干道旁的居民楼房所遭受的光污染、声污染和汽车尾气污染。这种伴随建筑或道路建设而引发的生活心理问题，直接影响居民生活的幸福指数。

（6）近郊建筑的自发性和非规范性建设现象十分严重。在北京城市整体格局之外的近郊或远郊区县，建筑的混乱性没有得到有效控制。城乡交通网和建筑区域的规划还缺少宏观统一性指导。这些地区的建筑影响了北京城市的整体性，同时为将来北京城市的可持续发展压缩了空间，增加了阻力。

（7）北京城市构筑物和配套设施还不够完善。在北京城市建设过程中，北京城市的建设因为沿袭历史的需要，在道路设计、给排水设计和用电设计等方面还存在严重不足，突出体现在一些公共设施的内在体系不够完备。不仅体现在传统建筑区域内，在新型的小区也因设计者的疏漏和偏差，造成新的遗留问题，使得这些小区居民生活十分不便；城市拥堵除了因为私家车的拥有量和道路设计的不合理之外，北京城市的道路管理也存在着重大的制度缺失，同时因为现有住房制度造成单位工作地点和人居住地点相隔太远也是不容忽视的原因之一。在垃圾处理设施的设计和处理上，还存在着设施不到位、城乡接合部遍地垃圾散埋场等情况，损害北京城市形象和破坏北京的生活环境。

（8）北京城市建设过程中所形成的阶段性规划设计缺陷也为城市安全带来了很大的漏洞。如在一些地铁转换站，转换区间的设计缺少更细化的人性化考量，造成人为的拥堵和安全隐患等。

二、基于城市安全发展的外泄型规划设计

所谓外泄型规划设计，就是基于城市的安全发展，从现实出发，充分考虑历史承接性，同时充分发挥城市的自洽功能，保证城市可持续发展的一种设计理念。外泄型规划设计主要具有以下特点：首先，外泄型设计强调城市的安全发展。城市的发展既要注重眼前的实际利益，更要考虑城市的未来发展。在城市安全体系中，综合考虑城市的宏观安全需要、战备需要、给排水需要、道路交通需要和居民安全生活的需要。要为城市的安全发展提供足够的现实空间和未来空间，同时应该充分借鉴9·11事件带给美国设计理念的变化所给我们的启示，充分考虑战备需要的特点，在给排水方面要使一个城市的给排水系统更加系统科学化，在道路发展上要充分考虑城市的现实需要和未来至少五十年内的可能性需要，在居民安全生活需要上，不仅要考虑公众的正常生活、工作需要，更重要的是考虑居民的心理安全感和生活幸福感，同时要适当考虑居民生活的公平性和民主性。

其次，外泄型设计要求从现实出发，注重从本体的延伸和空间的扩延上提升设计品位。在对城市核心地带的改造和设计中，要充分考虑民众的接受度、城市发展的历史顺接过程，注重对历史文物的深化保护，增强对居民建筑物的外在装饰设计深化和内在房屋舒适度的建造，促成城市核心地带的居民通过较少的代价获得更多的现实实惠。增加城市的绿地面积，要适度对城市的既有构筑物等服务设施进行分期分批的优化改造，在确保历史厚重度的同时，提高在相对落后地带居民的现代生活水准。在城乡接合部，要做好顺接

规划，避免棚户区的建设扰乱城市景观和对下一步城市规划建设的制约。在边缘郊区要适当考量发展的可顺接性，在计划强势发展的地区，道路尤其是城市轻轨建设要超前建设，改变传统的道路设计跟着居民房屋拆迁建设的被动型建设方式。这种被动方式容易造成费用的增加和因施工引发的市民生活幸福度的下降。

第三，外泄型设计要求规划设计者要充分考虑历史的承接性，避免大开大合的拆迁。对现有建筑物要尽量承认，这不仅意味着对历史的尊重，也是人文关怀软化社会矛盾的需要。在一些边远山区，农民自发开发的艺术区曾经给众多的艺术家带来精神享受，但从建房手续上看是不合法的。对一些村已经建设好的设施齐全的房屋不能单纯以产权或建房手续不完备等因由对其着手拆除，而应充分考虑这些建筑的特点，加以合理的利用，避免拆除后再建设的重复投资；对一些明显不合理的房屋自然要给予及时拆除。

外泄型设计要充分考虑城市的自洽性。不要单凭行政手段硬性规定城市的功能区域转化。在大中型城市建设中，这种自洽性尤为重要。它是保证城市个性特色的最重要的一点。如自发形成的物流社区、花鸟鱼市、艺术园区，就要在此基础上不断完善其区位功能；对具有朦胧状态的功能社区要积极加以引导，在建筑规划中予以充分的考虑。

外泄型设计就是要以更加开放的心态，促成城市自身的更新和科学的扩展，而不是盲目的扩张。一方面，作为城市中心区的建设要能充分体现城市发展的自身特点，在更新改造中，不断强化建筑的人性化设计理念，为城市增加更舒适的生存空间；另一方面，在边缘郊区的建设既要为未来发展提供必要的预留空间，又要保证小范围内设施的基本配套，提高这些地区居民生活的舒适度，从而为整个城市的发展提供一些在现有基础上充分提升有效空间的可能性。

外泄型设计是内城和外城兼顾的规划设计方案，不是单纯地为了保护内城居民的舒适度而置外城居民生活而不顾的片面发展行为，而是为了内外统筹兼顾、均衡发展。外泄型设计要求充分考虑既有建筑的特点，滋生其更完善的服务功能和安全体系，让整个建筑体系发挥更大更好的安全作用，保证居民安全、可靠、舒适的生活。

三、外泄型规划设计的主要特点和北京市今后建设努力的方向

从上述分析可以看出外泄型设计具有以下鲜明的规划特点：

1. 高度的安全性

外泄型设计充分考量现实安全和长远安全的需要，是基于对民众到位关怀的一种新型规划设计理念。

2. 服务的系统化

既强调单体建筑的服务设施的完善，又强调区域建筑设计的安全，更强调整体服务设施的配套和安全。

3. 科学性、公正性与民主性的结合

充分运用现有科技手段，考虑历史的演进性，而不是一刀切，确保城市核心区居民和城市边区居民享受生活的公正统一性，让建筑设计更具有时代特点。

4. 具有高度的人性关怀

在传统建筑的基础上，打破历史上的建筑设计原则，以更加尊重人本体的设计理念来关注城市的整体建设。从使用功能的基本满足跨越到对居民心理、居民正常权益、居民生活切入度，居民日常工作等各个层面的人文关怀。既保证了个体的和谐，又维护了整体的和谐。

5. 具有多元化设计的后现代建筑的特点

抛弃传统的二元设计观点，容纳多种设计于一身，既考虑城市的整体分区需要，又考虑城市整体美观的整合，成为吸纳历史建筑智慧、巧妙借鉴当今世界建筑理念、充分使用现有高科技成果的建筑理念，使得功能分区更加合理，居民工作和生活更加安全、舒心。

根据外泄型规划设计的特点，对北京市今后的城市规划设计做如下基本建议：

（1）要有宏观的功能分区，在基本条块组合上，打造城市中心区和周边地区的区域功能特点。既要尊重各个区的历史演化，又要适度对不成熟的地区进行相应改造。分别打造高新技术区、文化艺术区、物流园区、旅游度假区、工业制造区等相应园区，对这些园区按照适度超前的规划原则进行合理布置。

（2）建立高效、超前的城市交通系统。在城市轻轨设计中，建议适度超前十年到二十年统一设计规划，主要针对非山区地带提前规划城市轻轨系统，避免因城市轻轨系统进入山区地带的施工而引发的隧道开挖等巨高费用过度超支，对山区地带采取完善公路网、增加交通班车的方式进行设计。在城市轨道交通的设计中，对未来城市的规划应该将整个城市的道路总体建设纳入到全北京路网整体规划中，避免各个区县各自为政造成道路系统化的隔离。轻轨车站的设置要适度超前，配合城市工厂、学校、居民区的外迁式设计，提前打造轻轨通路。为保持历史的顺接性，在六环外的环线建设建议采用轻轨和公路双用车道，形成辐射与环线联通互动的运输机制。既有大型火车站建议今后外迁设置，并适度考虑城市预留公路、铁路道路的可能性，在北京市向南、向东扩展的过程中，加大与周边省份交通网络的联系和沟通，为未来城市交通快捷发展储存有效空间。

（3）搬迁大型工厂和企业，为城市核心区增加活性空间。北京市除了北京钢铁厂等已经向外搬迁的大型企业外，现有的计划经济体制遗留下的大型工厂和企业还为数不少。要分期分批地将这些大型企业和工厂分散到周边地区，使其加大自身的产品转化和功能分流。对外迁到郊区的大型企业，建议仍然将其新址建成相对完善的区域，在这个区域内工厂和居民楼设计得相对近一些，减少企业员工类居民的外流量。一方面提高了企业的工作效率，再一方面让企业员工得以更好地身体休息，能在工作之余恢复到人生理本位舒心享受生活的乐趣，另一方面，可以大大减少城市核心区居民的拥有量。现有的大学园区可以更加完善，形成大中小学分区配套规划的格局。建议今后外迁大学要适度分开布置，为以后大学私立化后，居民子女就近上学提供方便。在城市核心地带要对搬迁后的房屋进行变异性处理，而不是一概采取拆除重建的方式。一般而言，如对城市中心地带采取如 798 艺术区式的改造效果则更佳；对搬迁后遗留下来绿地较多的企业单位，可开辟成公园或其他休闲园区。

（4）强化城乡接合部的建筑治理工作，认可部分设计合理的现有居民房屋，承认其合法性，增加居民生活的安全感。对城乡接合部的牵涉居民较多的村镇集体规划建设的房屋，要进行适度的认证，并尽量通过改造和完善其服务功能，为民众提供历史延续性强、更适合顺接居住的生活空间，减少因强制性拆迁引发的社会矛盾和不安全因素。同时对郊区和城市核心地带的重新规划要对居民进行提前公示和征求专家意见，对今后抢建的建筑物或自建要坚决割除，不留尾巴。

（5）注重公众设施的完善配套，在既有建筑中注重解决已经暴露的重大问题，在新建建筑物中着力通过规划设计和建筑物细部设计规避可能出现的安全风险，对重大建筑物要采取更加科学的管控方式实施科学化管理。以城市排水为例，如2012年所暴露的城市排水系统设施中的重大问题，应该尽快列出解决方案，对城市排水系统进行更加全面系统的改造。对公铁立交桥、棚户区和老城区的排水改造要着力加强，力争改造到位；在新区建设过程中，对类似老城区已经暴露出的重大问题，在规划设计中要予以充分重视，同时要保证做到新型小区建设排水通畅。

（6）注重重大涉及城市长远安全和可持续建筑物的修建。北京作为外来人口逐年增加的城市，要想保证城市的总体安全，需要从宏观上对城市的安全体系进行设计。在城市构筑物设计上，对那些事关城市居民日常生活安全的重大建筑事项予以周密安排，主要体现在城市用水设施的配套和长远规划上。同时，城市用水系统要打破现有集中供水的格局，考虑可能情况下的单体建筑承接雨水的聚水型构筑物的建造，因为如果我们不超前考虑城市用水安全问题，很可能造成更大的被动和城市居民在旱灾之年的用水恐慌。随着北京城市的国际化和世界政治局势的动荡，北京作为政治经济中心，其核心地位不容动摇，因此，注重恐怖袭击安全和战备安全也是十分重要的一点。和传统的备战备荒年代形成鲜明对比的是，我们现在的建筑设计几乎没有一点战备设计的考虑，在今后的设计中应该汲取美国9·11事件后对建筑安全设计因素的考虑方法，适度考虑战备因素，规划单体和区域建筑的安全防控设施，避免各种可能的恐怖袭击所带来的意外损失；对地震、消防等引发的安全考量也要在设计中予以充分的考虑，使公众在突发灾害的情况下有更多的疏散渠道，最大限度地确保公众的日常生活和工作安全。以城市公共安全为基本尺度的城市外泄型规划设计，就是要在北京城市建筑中充分考虑建筑本体、公众人身和城市未来发展三方面的总体安全需要，超前主动设计出更具人文特色的建筑，从而为北京城市的可持续创造更加美好的建筑基础。

城市建筑生态对生态文明建设的哲学意义

城市的发展是不同历史时期政治、经济、文化的积淀，构筑一个魅力城市，需要的不仅仅是建设者的力量，更需要全社会的共同努力。

建筑作为人和自然关系的产物，从其使用功能而言，体现了人生存的需要，其精美的外形设计，也满足了人的审美需要，而从其建筑地点的选择和顺势造型特点来看，显示了人对自然的尊重。建筑体现了时代美、技术美和文化美，而这些美归根到底要落实到自然美上来。

自然之美，要求我们在建设过程中尊重自然规律。建筑物的产生折射了人类对自然的认知，尊重自然规律和建设本身规律的建筑才有成为精品的可能。城市的决策者、规划者和设计师，倘若没有这种意识，可能就会轻率地坠入一厢情愿的大干快上，仅凭脑袋发热而追求片面整齐划一，而忽视了对建筑系统性的考量，可能因为盲目的模仿而失去建筑原本的使用功能和自然之美。

自然之美首先要求设计者要追寻使用功能的满足，追寻建筑本身适应人的客观需要的效果。建设者要充分考虑建筑的人性化设计、绿色环保型建设、建筑使用维护中的高可靠性。

自然之美要求建设者要顺应自然界的变化，设计和施工与自然协调一致，不去做大开大合的建筑幻想，不去为了追求建筑的标新立异而破坏当地的自然生态，不为人类提供囚笼式的建筑，而要顺应自然的要求，使城市建筑与自然环境充分融为一体。

自然之美要求建筑要追求与不同地区人文地理的完美统一，把城市建设成千篇一律的混凝土森林则毁坏了一个城市文化的传承，也毁坏了人们精神家园与实体家园的统一；大拆大建的效果破坏的不仅仅是城市历史文化的衔接，也是对自然生态的直接损害。

追求建筑自然之美，要尊重历史、尊重文化、尊重自然、尊重人性，充分追求城市建筑的系统性生态。系统性建筑生态的构建，不仅仅赋予每栋建筑生命的意义，更在于对一个小区、一个城市整体的生态策划，在这个意义上进行建筑的构建，才能使建筑成为永恒的美体。

建筑生态之美要求城市的决策者们充分整合各类建筑力量，反复论证、周密规划，审慎对待每一个整体环节，以追求城市的原生态之美为原则，以自然沿袭历代建筑之美为经络，充分结合现代社会人类的生活需求，尊重设计规律和建筑规律，做出科学的建筑决策。

作为城市规划设计者，他的建筑理念和目光的远近将会直接影响一个城市建筑未来的走向，在建筑设计过程中，不能片面追求所谓的大手笔而忽视了人类对可持续发展的要求，也不能因为片面追求人性化需求，忽视对一个城市规划的宏观构思。城市规划是一个不断找平衡点的过程，这个过程要求规划设计者和编制者要有更高远的城市规划理念。

对一个单体建筑而言，它的使用功能的体现离不开设计者娴熟的设计技巧，更离不开一个设计者对当地城市市民文化和生活习惯的感知。一个单纯的只具有设计经验的设计人员，无法满足更多城市市民的文化需要。对城市建筑设计者而言，只有虔诚学习建设设计理论的劲头还不够，还需要充分了解当地的人文风情和市民需求，了解一个地区的文化经济发展状况，了解市民对建筑使用功能的渴求元素都有哪些。设计者要在充分满足建筑使用功能的前提下，考虑建筑和环境以及城市整体的谐调。

作为城市的直接建设者，施工人员负有保障建筑实体质量的责任和进一步优化设计的责任。一方面，施工单位在施工时的质量构成了建筑今后的生态基础，有些隐蔽工程一旦建成，就几乎没有再改变的可能性，对建筑本体质量的把握是关键环节。施工单位要自觉成为保护建筑生态之美链条上的一个模范，因为建筑施工单位承担着承前启后的作用，一方面它为建筑用户直接提供建筑产品，另一方面，它能让设计者的缺失得以弥补。

对城市建筑的维护者和用户而言，建筑之美的自然表达离不开他们对建筑本体的倍加呵护。近年来因为维修不到位和用户装修所造成的建筑物本体损害的案例不少见，这些给建筑本体带来的伤害，破坏了城市建筑的原生态之美；而很多道路和桥梁的超负荷运作，也缩短了构筑物原有的生命周期。维持建筑的生态之美，离不开使用环节的科学管理和修复完善。

总之，城市建筑的生态之美是整体之美，需要从决策、规划、设计、建设到维护与使用全系统精心呵护。打造更适合现代人居住的现代化建筑，营造智慧型城市，使建筑的生态之美不再是一个口号，而是具有可观、可感、可用、可爱的功能的汇聚，使城市建筑更适应自然与人和谐发展的需要，这才是建筑生态要求的本意所在。

让城市建筑与人和谐相处

重视建筑伦理，就是人性化的一种体现，使一个城市的建筑规划更加趋于合理和讲究，相近建筑更加协调自然，人与建筑的关系更加完美、和谐。

生活在城市的人们，已经习惯了对一栋建筑的认同、接纳和熟悉，但很少有人去关心一座建筑建在那个地方是否合理，是否讲理，是否符合礼仪，是否能满足公众的伦理需要。

在人口众多的中国，更多的人首先关注的是有没有房子住，至于房子是否合乎礼仪，则很少受到关注。乃至在近期的一次建筑伦理会议上，一位从事建筑管理五十年的老者发出了诸多惊叹之声。

其实建筑伦理并不是一个超然的事物。它研究的是建筑与人、建筑里的人与人、建筑与社会、建筑与规划、建筑与自然，乃至建筑与政治、建筑与未来的关系。它关心建筑的宜人化、人性化和自然化，它倾向于把建筑当作有生命的东西来看，让建筑与人和谐相处。

纵观我们的城市建筑，我们丢失了不少老祖宗的东西。我们的很多古老建筑遵循着一种建筑伦理的传统，尊老有序，讲究中庸，而现在的一些建筑设计追求随便，内部功能的划分也不十分合理。习惯于追求形式上的高大全和风格上的异化与所谓后现代。有的房子则全面西化，在一个本来应该体现民族特色的地域，出现了不伦不类的建筑，为国人所诟病。曾被一位中央领导所批评的某省的一栋拟作政府办公楼的大厦，其古怪之状呈现了决策者扭曲的心态。这类建筑所给人的感觉，就是少理缺礼，带给人的是心理上的不适，观感上的不爽。几乎每个城市都会遇到这种现象。对一个历史悠久的城市而言，建筑风格的趋同性可能会掩盖局部建筑的浅陋，但对一个正在发展中的城市而言，这种异化现象比比皆是，犹如一夜暴富的人，捉襟见肘的窘相随时显露出来。

城市建筑需要保留历史的记忆，这样才能延续文化的血脉。我们不能满脑满眼就是一个“拆”字。一辈拆一辈，不断壮大的混凝土森林给我们带来城市生活的惶恐，我们很难看到历史给一个城市留下十分美好的记忆。

纵观欧美的一些小城，没有靠打破一切旧世界来营造一个新世界，建筑保留了历史的原貌，到一个小城去看，历史的沧桑感油然而生。这样的城市适合怀旧，适合一些文化因素的积淀与传播。我们的城市建设者和管理者，习惯于彻底摧毁一座城市的过去，而一些新型城市中的败笔给人留下的却是苦涩记忆，可我们依然执著地走在苦涩的路上。

每当我在城市的中心地带看到一棵被一圈隔离带保护起来的古树，就会对做出这种决策的领导者表示由衷的钦佩。也许这棵古树能作为岁月的参照，勾起我们对一个地区的原始回忆。但对一个想保留文化血脉的城市而言，仅有一棵孤立的古树还不够。我们的城市，既要历史的骨干，更需要历史的血肉来丰富。

城市的规划者们其实是建筑伦理的最大实现者和影响者。他们大笔一挥可能就让我们或兴奋或沮丧。那些城市建筑物的决策者们的智慧和素养水准，可能会影响几代人的心理反应。为了避免建筑招致更多的批评，比较智慧的做法是让公众积极参与，靠广泛收集公众的意见确定规划内容，确定一个建筑的去与留，确定一种风格的形成。有人或许会为此担心影响城市现代化的进程，其实这也许就是一种既得利益者的借口。悉尼歌剧院曾因造价过高导致两届政府下台，而我们一些拙劣建筑出笼却没看到使得负责决策的官员降职。面对一个官员的决策影响一代甚至几代人感受的大事，需要建立符合大众需求的规划、决策机制的道理已是不言自明。

建筑伦理不是一种虚幻的东西，它会影响和制约城市的发展，也会决定一个城市的品位和未来。从某种意义上说，搞得好必定能给一个城市带来多种精神感受，也会向外界展现诱人的魅力。对建筑伦理的研究绝不是可有可无的事，而是一种必须引起高度重视的问题。笔者不久前出差到某市，那江边的夜晚灯火给人耳目一新之感，可白天乘车行走在城市主路上，看到不少建筑“张牙舞爪”的景况，多少有些心理上的不快。飞快发展的城市交通为人们的出行带来了方便，可有多少人去关注道路两边民众的生活感受?

重视建筑伦理，是人性化的一种体现，但愿人们通过对建筑伦理的呼吁和深入研究，改变城市的建筑生态，让一个城市的建筑规划更加趋于合理和讲究，相近建筑更加协调自然，人与建筑的关系更加完美、和谐。果真如此，城市建筑将会给我们带来更加美好的感觉和想象。

城市立体绿化的可能性

生活在北京，混凝土森林阻隔了我们和大自然的亲密联系。当人们刚刚从鲜花盛开中感受春天时，夏天好像一夜间到来了，混凝土的气息淹没了土地带来的清新。在山清水秀的地方，人们能静静地享受春天，树木泛绿是最美的春意，无限春光在花香鸟语中呈现出来。而在北京城市中心区，很少看到大片的绿色植物。带有北方城市特色的灰色楼房了无生机，花儿隐藏在屋内还没来得及搬出，春天就打一个旋儿走了。春天对北京而言很像一个匆匆过客。

在我们心里充满了如此这般感慨的时候，意大利米兰的一栋立体森林建筑引起了建筑学家的关注。这栋建筑的特色在于将每层建筑都设计成可以种植很多树木的平台，一栋楼呈现出的绿意让人心醉。楼层上的树木在带给城市清新空气之时，也供给住户更多生机与情调。

我们用不着讲更多的道理阐述绿化的意义，把公园看作是城市绿色的肺，这种看似对民众进行的形象宣传，意义没有一盆家中的花来得实在。一次行动胜过无数纲领，对建筑物进行设计、更新居住理念十分重要。在四季分明的北方，我们沿袭多年的房屋设计理念只满足最基本的居住要求，而忽视了人类的其他需求。长期以来“经济、实用，在可能的条件下注意美观”的设计原则，让绿色植物难以进入楼房设计者的视野。改革开放前后，建筑本身的绿化设计一直滞后。当今天城市人口发展超出改革开放前几倍到十几倍，汽车拥堵成为首都的一大弊端，雾霾制约着市民每天自由舒畅的呼吸时，人们才开始反思建筑本身的固化设计模式带来的种种生态弊端。

高瞻远瞩的学者开始借鉴国外的先进技术进行屋顶绿化的试点，且在南方诸多城市获得巨大的成功。但对北方城市而言，屋顶绿化设计会遇到寒冷冬天的考验，南方城市建筑绿化经验照搬到北方来自然不行，加之绿化费用昂贵，这就让很多城市管理者和建筑设计者对建筑绿化望而却步。尽管有城市建筑设计者冒险进行星星点点的尝试，但并未形成燎原之势。

历史上房屋是在经济条件较差、工业发展较低的情况下建造的，而当下的情况是，中国经济发展达到了空前繁荣的时期，工业化和城镇化发展所引发的城市人口飞涨、水资源缺乏和雾霾污染等问题越来越严重，仅仅靠传统的治理污染模式难以奏效，这时必须让固态建筑改成动态的吞吐器，让城市不再陷入被动污染循环的怪圈，改造我们的建筑生态环境成为明智之举，而且是既必须又紧迫。

我们每家每户之所以养花种草，多是因为绿植爽心悦目，同时能给我们带来清新空气，而对一栋有绿化设计的城市建筑而言，实际上不过是我们家庭绿化感觉体验的放大而已。

城市建筑立体绿化的出路在于对城市建筑的更新和改造。对新修建的城市建筑而言，设计中要大胆实施绿化建筑理念。和绿色建筑的含义所不同的是，绿色建筑强调的是智能、环保、节能，绿化建筑虽然也可以归类其中，但更强调建筑物本身的绿化需要。新设计的建筑未必像米兰的森林建筑那样绿化到位，但通过每家的建筑绿化设计，可以让居住其中的人们感受到天然的绿色。或许是几株新竹，抑或是几棵冬青，既有四季常青树，又有随节令而开的花树，居民随时可感受季节的变化。对今天的建筑技术而言，足以支撑这些绿色植物成活和成长。这就要求我们设计者既尊重居住需求，又考虑居民的生存审美所需。

对大量的既有建筑而言，绿化建筑理念同样可以大显身手。2013 年被北京网民和城市管理者所诟病的屋顶花园事件，也给城市建筑的改造提供了一种参照。为什么建筑设计者们在设计楼房时没有考虑更多的绿色植物所承载的需要？倘若在众多的城市楼顶出现绿色植物完全可以改变整个城市的生态环境。既有城市建筑的改造，不仅要从屋顶绿化下功夫，也要在垂直种植和横向种植以及拓展和改造每家每户的阳台绿化空间上下功夫，让既有建筑四季绿意盎然，这也会彻底改变城市夏天的蒸笼感，让市民体会到绿色森林般的惬意与美好。

城市发展必然促进建筑扩充，传统建筑模式会让城市在固化的模式中窒息。建筑立体绿化无疑打开了生态灵性的窗口，让无数建筑在绿叶掩映中获得呼吸的自由与畅快。建筑立体绿化所产出的氧气以及其对灰尘的强大吸附力，会彻底改变城市生态环境。据专家称，一亩树林每天能吸收 67 公斤二氧化碳，释放 49 公斤氧气，足够 69 个人呼吸。同时一亩树林一年可吸收 22 吨至 60 吨的灰尘，成为天然的吸尘器，净化着我们的生存环境。城市富有远见的管理者们，在注重打造新型立体绿化建筑的同时，要下大力气对既有建筑进行立体绿化改造，打造城市的立体绿化格局，才是彻底改变城市宏观生态和微观环境的关键所在。

北京城市建筑立体绿化对雾霾治理的影响

城市雾霾治理成了现代化城市发展过程中不容忽视的现实问题，对北京市而言，雾霾治理更是成了刻不容缓的一件大事。从宏观而言，北京市的雾霾形成与北京周边化工厂的大量建设、汽车数量的增加和相邻省份的大气污染关系很大。从微观而言，北京市民的日常生活炊烟也对大气构成一定的危害。但一个不容忽视的环节是，城市混凝土森林形成的热导效应，也是造成雾霾难以及时消解的一个重要原因。城市建筑的自净化系统的弱化和绿化面积的减少，造成北京市雾霾治理难以起到很好的效果。本文针对北方城市建筑绿化的现状，结合北京市雾霾治理的整体情况，试图从建筑绿化的角度对北京市的城市立体绿化提出建设性的意见和建议。

一、城市建筑立体绿化的概念

城市建筑绿化是随着时代的发展而不断注入新内容的一个概念。在农业化时代的城市，城市绿化被一些传统的种植概念所代替；在工业化时代，随着城市污染的形成，城市绿化概念才被提到议事日程，而城市建筑绿化，作为城市绿化的一部分，主要指的是平面的绿化。随着城市高层建筑的增加，城市间的通风条件和光照条件日益恶化，在混凝土森林中生活的人们很难感受到城市绿化给他们带来的清新感觉；同时随着大气污染的加大和周围环境的恶化，城市出现了雾霾常发的现象。通过立体绿化可以达到提前治理和过后治理相结合的双重效果，对改变城市大气污染的环境具有十分重要的现实意义。

1. 城市建筑绿化的概念

城市建筑绿化从广义上讲是对城市建筑物（包括城市公共建筑

物和构筑物以及桥涵、道路）进行种植树木、花草的美化方式。这种绿化方式满足了城市美观的需要，另一方面为城市的造氧系统提供了可能性。城市绿化是新中国成立后提出的概念，概括指在城市建设过程中，对城市现有建筑物的平面绿化。在传统意义上的城市绿化一般指公园绿化和主要城市公共建筑物的绿化，或者说是简单性的、浅层次的建筑绿化。这种绿化以平面建筑绿化为特点，没有立体或者更多生态涵盖性的特点。

2. 城市建筑立体绿化的概念

所谓建筑立体绿化，是指突破了传统建筑绿化特点的新型种植花木的方式。对一个建筑单体而言，不是仅仅依靠建筑平面的绿化达到建筑绿化的目的，更重要的是通过分楼房层高、分建筑特点、分不同建筑物特征对建筑进行的平面和立体互相结合的绿化。这种绿化的方式是对传统绿化方式的突破：从建筑物绿化的分布而言，不仅仅是平面的布置，也是立体的布置；从建筑物绿化的方式而言，不仅仅是室外的布置，也涵盖室内的布置；从建筑物的文化而言，不仅仅是单一的绿化设计，而是整个生态绿化园林型的设计。建筑绿化是一个系统，它包括屋面和立面的基底、防水系统、蓄排水系统以及植被覆盖系统等，适用于工业与民用建筑屋面及中庭、裙房敞层的绿化，与水平面垂直或接近垂直的各种建筑物外表面上的墙体绿化，窗阳台、桥体、围栏棚架等多种空间的绿化。

3. 北京市的城市建筑立体绿化

北京城市生态的绿化设计有着不同于南方设计的生态特点。一方面因为北方冬寒夏热的气候特点造成和南方建筑物绿化方式的不同特点。南方建筑物可以一年四季进行比较全面的绿化设计，对于北方而言，夏天的绿化设计和冬天的绿化设计恰恰相反。北京城市的绿化设计方案必须充分考虑北方城市取暖季节的绿化特点，选择适合北方一年四季适宜种植且常青的、耐寒的树木花草。因此，北京城市的立体绿化设计方案和南方城市有着截然不同的设计预期。客观分析北京这类北方城市的建筑绿化冬夏季与南方冬夏季绿化的不同点，是保证北京城市绿化方案实施的关键。所以北京城市的立体绿化要解决三方面的问题：一是解决北京城市建筑绿化的季节性问题，针对冬夏季的不同，北京城市的立体绿化必须廓清夏季和冬季的不同点进行不同的规划设计；二是北京城市的立体绿化要解决立体种植和平面种植的相互平衡问题；三是北京城市的立体绿化要解决历史建筑和现实建筑的结合问题。上述三个问题直接关联着北京城市立体绿化的核心环节。

二、城市建筑立体绿化对雾霾治理的具体贡献

城市立体绿化对城市的贡献是巨大的。从宏观而言，城市立体绿化对城市的绿地增加相当于改变了城市混凝土森林的热岛效应；从微观而言，城市的立体绿化，解决了城市居民微环境的个人生态，实现了最佳的经济效果。城市建筑的立体化绿化方式对城市的发展既有宏观效果也有微观的调节机制。

1. 城市建筑立体绿化的宏观贡献

城市建筑立体绿化的宏观贡献在于，它通过有效的立体控制手段，通过立体造氧功能初步实现了主动消解雾霾影响的效果。这主要体现在城市的立体绿化不仅仅是一栋建筑的绿化，也不是建筑的平面绿化，而是通过建筑的分层绿化和纵向绿化达到了多层次的绿化效果。从技术层面而言，这种绿化有其可行性；从现实情况而言，这种绿化可以有效减少建筑物混凝土汇聚引发的热岛效应；从建筑物的季节变化而言，可以适应不同时期的外部寒热季节的变化，实行全天候变化下的绿色调节。据北京市园林科研所遥感分析研究表明，北京市区规划范围（1040km^2）内的热岛面积，占全市规划面积的23.91%。其中，二环路以内城市中心区的热岛面积占全市热岛面积的52.61%。这一结果表明，北京市中心建筑密度大，建筑屋面热辐射强烈。建筑绿化可依据不同的建筑景观需求，极大限度地实施植物造景，通过大量的绿色缓解建筑水泥森林的辐射热。以往的建筑地面的绿化方式难以应对越来越多的高层建筑，对新形成的混凝土森林引发的热岛效应必须采取立体种植的方式进行现实应对。

2. 城市建筑立体绿化的微观贡献

城市建筑立体绿化的微观贡献在于：一方面它可以调动所有城市居民的绿化积极性，让每个城市居住者都有城市绿化参与的冲动；另一方面，城市建筑的立体绿化可以为市民带来最舒心的夏日享受。众多城市居民的微观种植可以形成宏观的绿化效果，城市立体绿化

不仅可以解决冬暖夏凉的问题，更多的可以解决城市污染的问题，它对城市的微环境是最好的改进。乔、灌、草配置型屋顶花园，景观效果丰富，对建筑节能效果显著，同时可截留60%的雨水，可大大缓解城市雨洪的压力。坡屋面绿化的一种方式是大面积草坪铺设。梯田式绿化模式不但可避免滑坡的问题，同时可结合立体绿化攀缘或垂钓绿化的方式，翻倍地增加绿量。绿化从空中向高处延伸，大大减少建筑立面的热辐射，使得建筑与园林植物浑然一体，可以说是你中有我，我中有你。另外，可通过水的灵动设计，抑或泉水叮咚，抑或万马奔腾。所以城市绿化的微观效果对各个单体建筑有益，对城市居民有利，其所达到的宏观效果能切实地改变城市生态环境，可以有效遏制雾霾。

3. 城市建筑绿化的经济价值

目前在西方一些国家，通过建筑设计的改善已经达到了能源的自我供给和蔬菜的自我生产。对中国而言，这种绿化的微观经济的改善也并非天方夜谭。在北京，已经有相当多的家庭实行了阳台立体种植实现了蔬菜的自我供给。但这些都是居民自我应急或自救式的解救方式，真正的经济价值体现在城市建筑有目的的设计和周期循环性地种植居民所需要的生活所必需的蔬菜瓜果上，在一些成熟的社区和面积较大的屋顶可以种植各类果树，给居民带来直接的经济收益。目前日本等发达国家已经实现了蔬菜在城市居民楼面的立体种植，他们实现了在高层建筑上自组织发电；形成了楼体自我生态发展圈。在中国，未来新式建筑的设计和既有建筑的改造应该充分考虑民众现实生活的需要，增加满足民众绿化经济性需要的功能设计。

三、城市建筑立体绿化的可能性

1. 城市建筑立体绿化对既有建筑的可能性

建筑绿化，不仅可起到保温隔热的作用，减少热辐射，还可充分截留雨水，生态环保效益巨大，建筑绿化选用的植物应本着生态学原则，充分考虑植物的生理特性及屋顶的小气候环境，选择耐热、耐干旱瘠薄土壤的植物品种。北京地区冬季寒冷，夏季干热，在该地区建筑绿化的主要目的是减少热辐射，特别是南面和西侧墙体，可大量实施垂直绿化。在城市建设过程中，原有的自然植被被破坏了，我们不可能完全恢复，但我们可以最大限度地恢复绿色。在建筑设计的同时，从空间上拓展绿化“用地”，应用新材料、新技术实现绿的突破。城市建筑绿化对既有建筑有着十足的可能性。一是城市建筑周围的绿地效应得到民众最大范围的支持；二是民众对雾霾的反感加重他们对城市建筑立体绿化的呼唤；三是城市建筑绿化有平面绿化和竖向绿化的技术可能性。对既有建筑而言，除了建筑物周围的构筑物需要平面绿化外，通过对既有建筑物的改造可以实现立体绿化的效果。首先，可以对每个楼层的阳台进行改造，可以实施现有绿化设施的升级，通过对既有屋面的整体改造或者大棚式绿化，充分运用现代建筑技术，形成四季常绿的系统绿化体系，从而实现分楼层绿化的目标。其次，对城市既有建筑的屋面可以分区域、分楼层特点、分建筑高度，进行绿化建筑设置和设计，以期达到建筑绿化的整体效果。

既有建筑的绿化设置的改造要做到宏观和微观的结合。一是要对一个区域的建筑绿化做总体设计；二是对建筑分项楼宇的建筑绿化做细化设计；三是对每个建筑单元根据其设计特点进行关心到户的细化设计。通过分层次的设计使得对既有建筑物的设计达到深层次细化设计的目的。对既有建筑而言，纵向绿化的可能性在于区域种植和分楼层种植和楼面种植都有其可能性。在夏天，爬山虎等纵向植物的种植更可能成为城市楼侧面的一道风景。建筑绿化是创造可持续建筑中一个重要的环节，其中垂直绿化是与地面垂直相对应并在立体空间进行绿化的一种建筑绿化形式，它在美化城市环境、提高城市绿量和发挥生态作用中具有不可忽视的作用。现在对北京城市而言，比较难解决的是北京城市的绿化问题，因为北京城市在寒冷的冬季，所有的绿色植物在空气中直接裸露几乎就面临着死亡的危险，但从现有技术而言，解决隔着透明建筑材料观望的问题不大，但在观赏这些建筑物的同时，能解决这些建筑物的对外输送氧气的问题则成为关键。对北京市而言，解决这四个月的冬季的绿色建筑物的输氧功能，是使北京市绿色植物真正发挥功能的关键。在这方面需要更多的建筑科学家和植物学家共同研究拿出最佳应对方案。

2. 城市建筑立体绿化对新建建筑的可能性

现有城市建筑物在设计过程中更多的强化了住户的使用功能而弱化了生态绿化功能，在未来的建筑设计过程中，建筑物的整体绿化应该融入整体的设计功能之中。一方面对总体规划设计而言，规范化的绿化设计可以为民众带来更多的精神空间；另一方面，到位的绿化设计可以对城市的雾霾治理提供积极的物理支撑。城市雾霾在未来的建筑设计中作为不容忽视的现实生存问题，需要城市建设者提供更加广泛的设计智慧来应对。在未来建筑规划中，应该考虑在众多的建筑物设计中融入大量的绿化设计元素，设计更多的绿色植物，选择适合北方生长、冬天夏天咸宜、互相搭配的植物为城市造氧提供更多的可能性。对北京市而言，新型建筑需要建筑设计者拥有更高层次的绿色设计理念，让居民在日常生活中感觉徜徉在花海绿色的仙境中。在进行住宅环境设计研究中，居住区应充分利用有限的绿地面积和空间进行垂直绿化，增加绿化的空间层次和绿量，改善居住区的小气候环境，让城市建筑物不再成为城市热岛的聚集者，而应该成为城市建设绿色森林和大量氧气的提供者，使得每一栋建筑成为雾霾的克星。与种植在地面的绿化不同，建筑绿化的关键在于养护。此外，为了更换植物必然会使用交通运输，因而会产生尾气排放甚至交通拥堵。而通过屋顶绿化、墙面绿化以及室内外的各种绿化形成植物的循环利用方式，能够有效地缓解这一问题，同时可以降低运输成本。通过利用建筑物屋顶进行植物栽培可以避免少建农场或者温室的运输，这也是从绿化方式上注重环保的一种重要体现。

3. 城市建筑立体绿化对城市绿化的推动作用

城市建筑对一个城市的绿化起着举足轻重的作用。在雾霾天气，假如你徜徉在北京西部山区，你可能会免受更多的雾霾之害。在北京，假如通过举城的绿化建设，势必实现对一个城市绿化环境的总体改善。城市雾霾的治理不再是一句空话，城市立体种植形成的立体化效果一方面可以给城市的总体发展带来前所未有的造氧效果，另一方面通过城市立体绿化，可以为城市形成更好的人文景观。

4. 城市建筑立体绿化的经济价值

在城市绿化过程中不容忽视的是城市绿化的经济价值。从理论而言，倘若在每个高层建筑中形成每家每户自给自足的种植系统，可以大大改善现有城市居民购买蔬菜的可能性。从现在很多城市家庭实施立体种植的可能性来看，这种立体种植所产生的效果，相当于把土地移到空中，可以大大解决城市居民的蔬菜短缺和安全食用问题。事实上，对众多的新式建筑，完成或者完善这种种菜设计对一个建筑设计者而言易如反掌，而对我们的传统建筑而言，因为当初设计更多地注重了建筑的居住功能，而忽视了其他功能的发挥，这就需要对这类建筑在不影响使用安全的条件下进行绿化设施的改造和完善。作为建筑的种植功能，在西方国家和日本都有非常成功的建筑实践。对此，我们应该好好地借鉴，对我们这个缺少土地的国家而言，果断和全面地开发城市建筑物的种植功能无疑是一种在城市增加土地的明智之举。

四、城市建筑立体绿化的误区

城市建筑绿化既是一个古老的话题，又是一个需要创新的现实话题。如何让城市建筑绿化走出传统绿化设计理念的束缚，使其在城市雾霾治理中发挥应有的作用，对城市建筑设计者而言，是一个最新的课题。城市建筑发展到今天，仅仅满足居民的居住功能需要已经落伍了，它更多地需要与现实的环境治理相结合。对现阶段而言，面对越来越严重的雾霾，城市建筑应该立足于对既有建筑的改造和对新型建筑的重新设计。设计的出发点和基本原则在于如何应对城市的雾霾。这是北京城市建筑今后所必须经过的完善道路。

1. 城市建筑立体绿化要立足于主动型和被动型的对雾霾治理

北京城市雾霾的形成原因虽然是多方面的，我们在治理雾霾方面所要做的努力，一方面需要加大对周围污染源的控制力度，另一方面我们要建立城市的自洽系统。而城市建筑的立体绿化无疑是这种自洽系统建设最重要的环节。一方面城市的雾霾治理需要更多的造氧环节来调节，城市立体绿化系统可以更好地为城市提供更加全面可靠的氧气；另一方面，即使雾霾来临，城市立体绿化系统宏观上可以缓解、稀释雾霾给北京城市居民带来的危害，微观上也为城市居民带来微环境的改善，为他们提供更加舒心的工作环境。

2. 城市建筑立体绿化要有利于环境保护和居民安全

城市建筑绿化是一个看似生态十足的话题，但对北京市的城市建筑绿化而言，可能它应对的不仅仅是城市雾霾污染的问题。更多层次上城市建筑的绿化应考虑城市居民的环境安全和居民的日常生活的安全。首先，不能因为种植本身污染环境。对城市居民而言，最大面积的种植可能就是既有建筑的屋面种植，而既有建筑的屋面种植按照传统的建筑理论需要土壤种植，这些种植所引发的结果可能造成屋面排水口的堵塞和居民小区的环境污染，因而应借鉴日本等发达国家屋面种植的方式进行；对既有建筑改造而言，不能片面强调立体绿化的重要性，而忽视对立体绿化建筑设施安全性的考量，要综合考虑绿化所需要的新增建筑设施的安全性。

3. 城市建筑立体绿化要贯彻雾霾治理为主、经济为辅的基本原则

对现阶段而言，城市雾霾的频繁出现需要城市立体绿化承担更重的城市雾霾治理的功能。城市的建筑立体绿化设计要更好地贯彻治理为主、经济美化为辅的原则，使得城市建筑的绿化更具现实性特点。无论树种植物的选择和绿化面积的设计还有寒暑季节的综合考虑上，城市建筑的绿化设计应综合这些因素，力争从技术层面、宏观与微观结合的系统层面上予以充分考虑，从而保证北京市城市建筑整体绿化对雾霾治理的客观效果。

五、结论

北京市城市建筑立体绿化是主动和被动相结合、治理和美观相融合的雾霾治理方式。这种雾霾治理既治标也治本，是现代城市雾霾治理的最佳方式，同时也是创造优良生活环境的必走之路。雾霾治理是个系统工程，固然需要加大对其他污染方式的治理，从而消解雾霾的污染程度，但从长远计议，对城市建筑实现立体化绿化种植方式，是为城市制造更多氧气，完善城市的自洽系统，使得城市绿色植物吸收更多的汽车尾气和城市污染物，从而最大限度地减少城市雾霾产生的可能性，并从另一方面为城市居民提供一定的经济辅助，这是保证北京城市长远可持续发展的可靠之路。

城市公铁立交排水问题应该引起足够重视

2012 年 7 月 21 日，一场大雨让首都陷入汪洋之中，而受灾最严重的地段大都是北京市的公铁立交桥。这些立交桥有的排水不畅，有的道路低洼，出现了车毁人亡的事故。2013 年，在北京市科协领导的关注下，我参与了北京公铁立交排水问题项目研究，感触很深。北京城市公铁立交遇到的问题，其实全国不同城市也同样遇到过，应引起全国各大中城市管理者的注意。

公铁立交排水问题既是一个技术问题，也是一个管理问题。中国铁路的发展，为每个拥有铁路的城市都留下了众多的公铁立交桥，而这些公铁立交桥，在不同的历史年代，形成了不同的排水体系。因此，公铁立交桥具有历史延展性和技术问题积淀性的特点。

从技术角度而言，公铁立交桥的排水设计要么不足，要么根本没有。对大型立交桥而言，后期的排水量和当时考虑的设计排水量相比发生了一些变化，特别是当城市飞速发展之后，城市硬化面的增加，减少了土质地面的蓄水量，增加了公铁立交桥的汇水量，加之一些河道更改等原因，公铁立交的原有泄水通道被堵塞。对在六次大提速中，由平交道口改建的公铁立交桥，一般下挖深度较深，形成自然的汇水区，大多公铁立交桥或因为当时设计对排水问题考虑不周，或因为后期城市快速发展所形成的地形地貌变化，造成这些公铁立交桥排水过量，即使偶遇雨水，也会造成大的积水，给当地居民和行人带来很多不便。几乎年年都有城市公铁立交淹死行人吞没车辆的相关报道。

从管理角度而言，城市公铁立交排水问题存在着职责不清或者管理不到位现象。对类似北京这样的大城市而言，城市公铁立交排水的主要任务是由排水集团具体负责，尚且能及时解决雨季应急排水的问题，但对大多数城市而言，铁路只负责公铁立交主体的安全与维护，而公路路面和公铁立交桥的排水问题则主要由地方专业部门负责。有的小型立交桥则主要由当地政府或者街道负责，存在着铁路或者地方管理部门通过一纸协议代替管理的现象。到了雨季，这些桥从理论上讲应该有人管理，而事实上并没有人到位管理，形成种种问题。管理上的脱节或者不到位，也是目前公铁立交桥形成祸患的主要原因。

城市公铁立交排水问题的产生，也和城市的整个排水系统有关系。一方面因为城市在建设过程中缺少系统排水的考虑和设计，公铁立交排水也往往没有和一个城市的排水体系联网，造成汇水无法排放，小雨小堵，大雨大堵，暴雨死人。城市公铁立交排水的这种被动性是因为公铁立交形成周期长，一般建于新中国成立后不同的历史时期，它们的排水系统大多与当时的城市排水规划相统一，然而时至今日，好多公铁立交成了排水链条中的孤家寡人。另外随着城市的飞速发展，城市硬化量的增加，公铁立交桥附近居民小区排水系统设计的不完善，公铁立交的汇水量骤然增加，即使是小雨量也造成大的汇水量，让原本小排量设计的公铁立交桥不堪重负。再者，目前的排水设计基本都是被动式排水，即通过汇水泵站抽送排水的方式进行排水。而遵循自然规律，按照水往低处走的规律充分利用地面和地下系统进行排水的理念没有得到更好的贯彻。

国外的排水系统设计值得我们借鉴。西方一些国家采取分层建设地下通道的方式排水，平时这些排水通道可以跑车，一遇到大雨最底层通道依次变为最佳排水通道。新加坡的城市排水系统则借助自然地势，形成与河道相连的自然排水系统。这些国家的排水设计值得我们思考的一个关键理念就是要自觉适应自然规律去选择排水设计方案。

目前，北京市的城市排水系统方案已经引起政府的足够重视。一些专家提出的建立垂直管道与水平管道相统一的公铁立交排水体系，一方面对解决城市公铁立交的排水问题十分有效，能变传统的被动式排水为主动式排水；另一方面，还能有效补充地下水，为北京近年来大量开采地下水所形成的漏斗型缺陷提供必要的平衡，可谓一举两得。问题是，这样做可能存在着牵涉部门利益过多，投资较大。但对一个城市的长远发展而言，这种排水系统设计比较有益城市的可持续发展。

目前，我国在公铁立交排水设计与施工方面的系统经验还不足，需要加强这方面的研究力量。对现有的城市公铁立交排水问题，要针对城市的每个立交桥进行到位的勘探与研究，力争让每座立交桥都能保证在雨季顺畅排水，这已经成为刻不容缓的问题。在处理好技术问题的基础上，加强部门之间的管理与协作，运用现代化的信息管理系统，形成视频化的管理和反馈播报机制，让市民在出行前能通过手机或其他信息系统，知道有哪些立交桥存在着雨季受灾风险，也是必不可少的补救措施之一。

垃圾处理的必要性与及时性

我的故乡在沂蒙山区，在20世纪80年代虽然贫穷，但能感受到城乡环境的那种清爽；现在随着城镇化的普及和城市建设速度的加快，各类垃圾几乎呈几何级数在增长。其实，在中国，每个城市都面临着垃圾处理的难题。垃圾不仅侵占了大量土地，也对周边环境和空气造成了严重的污染。

每个出过国的人回来谈及出国印象，印象最好的当然是那些讲究卫生的国家。应该说，哪个国家注重了垃圾分类，哪个国家的环境污染就会得到有效的遏制。遗憾的是，我们的垃圾分拣制度却没有很好地建立完善起来，即使在首都北京，垃圾分拣也只是处在试点阶段。以至于在北京周边，大量的垃圾侵占良田，即使在城市中心区，垃圾分拣制度也没有得到很好的执行。长期关注垃圾分拣管理的中国人民大学宋国君教授不无感叹地说："在中国，透过小小的垃圾分拣机制，就可以看到我们的文明程度，就可以看到我们城市科学化管理方面的许多不足。"

随着城镇化进程的加快，在许多有识之士的推动下，中国的垃圾分拣在制度推进层面有了可喜的进展，2012年《"十二五"全国城镇生活垃圾无害化处理设施建设规划》出台，明确规定到2015年垃圾分类：直辖市、省会城市、计划单列市要做到100%，设区城市要做到90%以上，县城要做到70%以上；2030年全国城市要100%实施生活垃圾无害化处理。但从其中缺乏对各级领导问责制的设计上来看，这个目标的推进、实现的力度和广度都还让人心存疑虑。

对中国这样一个大国而言，垃圾处理绝不是一件小事。从大的角度而言，垃圾处理事关城市文明程度的高低、土地污染的多少、大气污染的多寡；从小处说，直接关联每个人的日常生活。垃圾分类处理就成为既关联中央权威，又涉及地方利益，还涉及个人卫生的系统工程。在垃圾分类处理问题上，首先应该要求中央政府承担更多的责任：制定一套完整的包括源头控制、分类、安全处置等治管方面的政策和标准，并对现有的政策进行整合；支持和监督地方政府履行生活垃圾管理的职责。而地方政府负责对生活垃圾处置处理管理单位的管理，要制定实现生活垃圾 100% 安全处理、垃圾减量化、降低单位垃圾处理成本的长期规划及行动方案；建立生活垃圾信息公开平台；将固体废物污染环境防治工作纳入国民经济和社会发展计划，合理布局废物回收网点和交易市场；开展防治固体废物污染环境的宣传教育；要将生活垃圾管理工作纳入政府目标责任考核和领导干部综合评价的范围。其中省级政府要根据本行政区域经济社会发展状况，实行垃圾排放收费制度，由省级政府环保部门监管(大中城市)垃圾分类处理工作；各县市定期发布固体废物的种类、产生量、处置状况等信息；乡镇和街道对管辖范围内与固体废物污染环境防治有关的单位要经常性地进行现场检查。环保部门要及时公开简单填埋、安全填埋(渗滤液)和焚烧的污染监测数据，建立起管理垃圾收集、贮存、运输、处置的单位和个人的细化制度。目前我们的垃圾分类还不够科学，建立区域城市统一的源头分类制度十分重要。曾经有大学老师建议率先在校园和政府机关实施细化的垃圾分类制度，他们并对此进行了测算，认为垃圾分类所产生的直接效益足以弥补垃圾分类管理所发生的直接成本。遗憾的是，这种工作没有被大学主要管理者所关注，因为垃圾分类的好坏对他们自身构不成业绩影响。

另外，注重垃圾分类处理理论和实践的研究也十分重要。曾有专家提出电子垃圾是一座金山，分类拆解和科学处理能让电子垃圾变废为宝；在许多垃圾处理过程中，垃圾产生的直接和间接效益不容忽视，值得好好研究。

去过新加坡的人都知道，在这样一个国家，对环境资源的自觉爱护已经深入人心。法律、法规可以改变一个人的生活习惯，垃圾分类制度的尽早法规化、制度化、产业化，也会为中国百姓带来福音。目前，城市生活垃圾清扫、收集、贮存、运输的单位主要为事业单位或者是国有企业，部分城市有民营企业以“购买公共服务”或“企业特许经营”的形式参加垃圾处理厂的经营，效果很好。而对一些历史欠账过多的大中城市，采取政府投资建设（中央投资资金＋地方配套资金，或国债及地方债券），委托企业运营管理的模式可能见效更快。

通过垃圾分类处理，既改善我们的生存环境，又会让每个人形成日常生活中的担当意识，培养科学的垃圾处理意识，建立到位的垃圾分拣制度，形成周到的垃圾处理程序，让城市在洁净中保持美丽的容颜，让城市人在自我约束中对公共卫生做出点滴贡献，垃圾面前显现居民个体的自尊，进而求得全民族的自尊。

重视水安全是保证国富民强的基础

日前回故乡，看到穿村而过的小河已经成为一条脏河。回想我小时候，河水清澈见底，鱼儿自由穿梭，从河中捉到的小虾可以生吃，而今，这些已经成为美好的回忆。

据不完全统计，在我国一万条河流中，有近三分之一受到不同程度的污染；有的地区水污染已经波及地下水，我国每年有 100 多万人死于消化道系统癌症。在水污染严重的地区，癌症发病率明显高于未污染地区。水污染已经严重制约了经济的发展。水污染造成饮用水的缺乏，而地下水的过量开采又使城市出现楼房塌陷、污染水渗入地下让地下水无法饮用等安全问题。水污染和饮用水的严重缺乏引发的安全问题，已经危及人们的日常生活和一些地区的正常持续发展。

人类文明与水有着难以割舍的关系，重视水就是重视人类自己，没有了水人类无疑会灭亡。遗憾的是，纵使我们每个人都知道水的重要性，但没有多少人去关注水安全。更多的人虚幻的感觉水是取之不尽用之不竭的物质，生活中用水浪费现象和对水污染熟视无睹的现象比比皆是。

在一些大城市建设过程中，政府对水污染的管理严重滞后，有的城市连基本的对水污染治理的考核体系都没有。有的城市片面追求发展规模，造成污染企业大量进驻，形成规模庞大的污染源。因为缺少水污染管理与官员政绩的有效挂钩，致使水污染现象愈演愈烈。平民与官方对水资源的忽视造成日渐加重的水安全问题，到了需要棒喝的时候了。笔者在参加几次水处理学术会议时听到学者们痛心疾首的呼吁，才切实感受到水安全问题的严重性。

化解水安全问题的关键在于摸透水污染的原因，制定切实可行的控制措施，建立完善的跟踪考核和监控机制，采取科学的治理手段，下大力气彻底整治，才能收到最佳效果。查堵源头污染要彻底，治理整顿要坚决。与我们现在考核政府体系相对应的是，我们的污染大头往往来自政府支持的企业。为了赢得政绩，政府采取睁一只眼闭一只眼的方式引进一些污染严重的工业企业。这些企业在短期内虽然能给当地政府带来丰厚的税收，但严重的污染则成为去除不掉的恶疾。

有的环保部门以罚款代替治理，长年累月形成了污染顽疾。这就要求政府下定决心，不为短期利益而放纵水污染。在对乡镇政府考核中，要将水污染的防治纳入政绩考核。对一些污染大户，要果断采取措施，采取关停并转的方式进行及时治理，给环保部门足够的权力，杜绝以罚代管方式，促使企业尽快完成技术要求，达到排水治理要求，达不到要求的果断停产，坚决从源头上堵塞住污染源。

树立持久发展意识，不要寅吃卯粮，要少采慎采地下水，保证战备用水安全。保护地下水就是保护我们的未来，就是保护我们的子孙。倘若在某些地区遇到连年大旱时，无地下水可以采用，这个地区人们的生存将存在危机；倘若某些大城市，把战备用水提前采光，遇到战时，我们无法迎敌，一支缺水的队伍和一个缺水的城市将不战而亡。

大力采用国外先进治理技术，确保治理到位。水污染处理方法有生物化学法、物理化学法、膜生物反应法等方法。西方早期工业发达国家的水处理方法值得我们学习、探讨。我国在近年来引进外国水处理技术中，形成了较成熟的物理化学技术、生物化学技术和膜技术，取得了良好的治理效果。

国内一些科研机构还结合我国河湖地貌特征，对这些技术进行了适应水文水质要求的中国式改造，并着重对生态生物治理技术进行了研究。如生态浮岛技术。我国在20世纪90年代初期开始引进，目前广泛应用于湖泊、水库、城市河道等不同水体的治理中。北京市采用生态浮岛技术治理什刹海、永定河等污染水体，水体生态功能得以逐渐恢复。奥运会期间的河道综合整治中，该技术被列为优先采用的技术措施。与其他水处理工艺相比，浮床更接近自然，其上栽种的植物美化了环境，和周围环境融为一体，成为新的景观亮点。利用浮床种植的一些经济作物，在净化水体的同时带来一定的经济效益。大量引进国外先进水处理技术有利于我们的水污染治理，研究适合中国特色的水处理技术并大力推广十分必要。

水污染防治是一个系统工程，污染容易治理难。不树立对水的长远保护意识，没有污水治理的急迫感，我们的水安全就是一句空话。构建大生态系统，构建河湖水统一的水生态文化，确保水安全的持久性是值得我们深入思考和行动的时候了。

第二篇　铁路建设的思考

中国高速铁路发展：经验·启示·借鉴

2008 年 8 月 1 日，京津城际铁路的开通标志着中国高速铁路的正式通车；2011 年 6 月 30 日，京沪高速铁路的开通，更是吸引了国人的瞩目。这条全线长度为 1318 公里的高速铁路，作为目前世界上一次性开通运营里程最长的铁路，不仅吸引了国内外大批媒体记者，也赢得了很多国家政要的青睐，一些国家纷纷和中国签订了高速铁路合作的框架协议，中国高速铁路一时成了全球关注的话题。

然而，当人们正陶醉于京沪高铁的开通运营中意犹未尽之时，“7·23”特大高铁事故的发生却使国人和世界各国对中国高速铁路的态度急转直下。一时间，中国高速铁路建设成为被国人所诟病的恐惧性高新技术，高铁的动车组乘客大为减少；国外高速铁路订单也开始由明朗陷入混沌状态。在对高铁的狂热追捧之后，人们开始冷静反思高铁技术所带来的种种危害，开始理性地审视高铁所引发的各种社会影响。特别是由此带来的对安全问题的担忧，更引发了人们对高新科学技术在社会伦理道德层面的深刻思考。可以说，高铁事故的发生，作为一种“被制造出来的风险”，增加了我们社会的不安全性，也成为中国正处于“现代风险社会”观点的依据。

一、高速铁路发展中的安全问题

高速铁路技术作为一门系统性很强的运营技术，在世界上诞生于 20 世纪 60 年代。1964 年，日本铁路新干线的开通标志着人类开始跨入高速铁路时代。从 1825 年世界上第一条蒸汽机车牵引铁路（英国的斯托克顿—达灵顿铁路）的正式开行，到日本新干线的开通，表明人类对铁路运营技术的掌握进入了新的技术运用时期。中国高速铁路技术作为一个庞大的高新技术工程，是系统科学技术的集成，在工程建设、机车建造、信号牵引、运输管理等核心技术控制上都具有以往普通铁路所不具备的高新技术综合性集成的特点。它以前所未有的综合性气势，囊括了材料科学、电子信息技术、工程技术、动力控制技术等尖端高新技术领域，并有数万名工程技术、运营管理、信号系统、自动控制等方面的科学技术人员参与了其建设与运营管理过程，也是新中国成立以来启动各类科研机构最多的一项高新科学技术。

然而，世界高速铁路虽然已有近 50 年的应用发展历程，但到目前为止，人们对逐渐提升的速度控制技术仍然不能做到完全掌控。一方面，运营经验的积累为高铁技术的安全应用提供了可能，但另一方面，高铁技术在不同国家发展的具体情况又使其运营安全具有自身的特点，不断提高的高速铁路速度很难通过有限的试验而保证其在各种气候条件下的可靠安全。以中国高速铁路发展的伦理审视安全运营，这是科学技术的试错性特点决定的。因此，材料因素、环境因素、人文因素和科技体制等因素的影响，都可能使得构成高速铁路运营安全的硬件、软件设施存在不同程度的不足而导致安全隐患。而中国高铁技术虽然因引进技术的及时性和全面性节省了科研的时间，自主创新程度的提高亦为其赢得了一定的安全度，但由于发展时间短，作为系统工程技术，其中所存在的专业技术的疏漏以及各个技术专业之间的缜密性欠佳和协调性不周仍不可避免。事实上，高新铁路技术在世界上的发展史业已表明，事故总是与速度的提升相伴而生的，尽管后期的事故分析可使高新铁路技术获得更完善的改进，这符合高新技术的发展规律。据不完全统计，自高速铁路建设以来，高铁事故并不鲜见。仅近十多年来，国外发生过十余起，而国内高速铁路自 2008 年开通运行以来，似乎也有事故发生。其中，尤以 2005 年 4 月在日本发生的“福知山线脱线事故”最为惨烈。

高铁运营引发人们对乘客安全的担忧是很正常的。高铁安全最直接的影响就是旅客安全，而高铁速度之快和高铁动车车厢的严密性更为旅客的自救带来困难。从目前中国高速铁路动车运行的速度来看，一般时速在 200 ~350 公里之间。在这种情况下行驶的列车，假如缺少可靠的安全控制措施，一旦发生重大突发性事故，乘客几乎没有生还的可能。另一方面，高铁车厢因为运行减少阻力的需要，车厢整体具有密闭性特点，中国动车组的设计自主创新成分提高，整体性能更好，旅客的自救效果很难达到理论推算的良好效果。一旦事故发生，这种良好的密闭性就会成为安全更大的杀手，整车车厢的乘客安全就更令人担忧。

与飞机的跳伞自救相比，高铁事故的发生呈现更难以自救的特点。高铁沿途地理环境的复杂性也带来事故复杂程度的提高。在居住区或者山区地带发生的事故，其后果将是灾难性的。沿着造成高铁事故的相关因素追溯会发现，中国高速铁路的安全隐患不仅仅在于运营技术本身。高铁事故调查报告表明："7·23"甬温线特别重大铁路交通事故是一起因列控中心设备存在严重设计缺陷、上道使用审查把关不严、雷击导致设备故障后应急处置不力等因素造成的责任事故。中国高铁工程建设的快速化建设模式导致勘探的全面性不足，加之快速工程设计的隐性缺陷，将可能引发更大范围的工程问题。尤其是在高铁运营一段时间后，随着工程使用过程中不均匀沉降的形成，这些工程设计缺陷和因施工质量导致的线路的不平顺性，就很可能成为制约高速铁路运营安全的巨大杀手。在梅雨季节等非正常天气，这种情况诱发事故的可能性将进一步加大。

高速铁路的安全问题不仅涉及乘客，更有向沿线企业、民众延伸的可能。一方面，事故本身造成的延伸事故可能波及事故发生地的沿线企业、居民；另一方面，高速铁路本身所形成的噪音污染、光污染、电磁辐射污染也会影响沿线民众的正常生活。这些问题的长期积聚，会随着民众对环境质量要求的逐年提高而形成渐积性问题，将会引发居住在高铁沿线民众的恐惧感，特别是随着民众对生活质量标准化和健康控制指标的认识，人们对绿色生活的回归性渴望，会导致邻近高铁沿线的公众的安全危机感的逐步增强。

尽管高铁本身注重了沿线建设期的环境保护，但与之相关的环境安全仍不容忽视。京沪高铁采用 75% 以上的桥梁代替路基的建设模式，解决了少占用耕地和便于当地民众通行的问题；但桥墩施工需要支撑桩具有可靠的着力点，一般要沉入地下数米乃至数十米以上，直接影响地下水系统的自然生态环境，对集中排桩施工地区的天然水循环系统环境会影响更大；高速飞驰的列车对原始动植物生态会构成一定影响。目前在走访一些高铁经过的地区时，野生种群消减了一定数量；光电辐射效应尽管没有更加翔实的数据确证，但一些调查数据业已表明，还是对环境生态构成了一定危害。

无论是对乘客及其沿线民众的安全构成危险，还是对自然环境构成危害，高速铁路对人类自身生存的负面影响不容忽视。这再一次表明，科学的“双刃剑”效应体现在高新技术上将会更加明显。确保乘客安全的万无一失，确保沿线民众的生命安全和生态环境的优化，应该是中国高速铁路今后明确的主要方向之一。

二、国外高速铁路发展的经验

环顾世界高速铁路技术发展的历程，尽管其中不免遭遇事故的发生，但成功之处亦是举世瞩目，而各国在高铁发展之路上的有益经验，特别是事故发生后的应对措施，更是给予我国高铁发展不少的启示。如日本和法国自高速铁路运营以来，从未发生过因高速技术本身造成的行车事故，因而增强了旅客乘车旅行的安全感。从技术伦理的层面来看，对于技术伦理责任伦理的强调和关注，是其取得成功的重要原因。

1. 日本高速铁路发展的伦理审视

日本是高速铁路技术发展的先驱。高速铁路技术的发展不仅为日本社会带来了良好的经济和社会效益，在列车运行速度、安全性和服务质量等方面更是堪居世界前列。有分析指出，日本在列车安全运行方面的巨大进步主要得益于两个基本原则：一是“凡是涉及安全运行的关键地方尽量排除人的介入而由机器自动操作”，二是“绝对不允许同样的事故再次发生”。

从伦理的角度来看，日本新干线的成功，主要得益于以下因素：

（1）技术层面上的高安全水准与人性化设计。日本新干线的最大优点就是速度极快，但在拐弯之时并不减速，而是靠倾斜车体保持平衡，既听不到车轮和铁轨的摩擦声，也没有因路基不平而产生的明显震动。同时，日本新干线的设施相当人性化，车内干净而舒适，特别是厕所的设计采用一种循环厕所的理念，水可以循环使用，排泄物经干燥处理后直接用作肥料，既节约用水，又保护环境。

（2）配套的安全保障设施。日本高速铁路运行的安全性保障，与其在安全方面所采取的相关措施是密不可分的。如，在新干线路基的两条路轨之间安装“防止脱轨装置”，以防止列车脱轨和颠覆。

又如，新干线铁道全部不设置道口，以避免与汽车发生撞车；线路上不设置红绿灯，保障列车畅通无阻；在靠近车站处设安全栅栏，以防止人们穿行或因其他原因造成事故，等等。同时，还特别注意驾驶员的安全意识教育。

（3）严格的事后反省，绝不允许犯相同错误。与日本人严谨、精确的处事态度和观念有关，新干线在近 50 年的运营过程中，已经形成了一种良好的铁路安全文化，即一旦发生事故，铁道部门就会进行深入的安全调查和责任反省，彻查事故原因，并提出相应的解决措施，绝对不允许同样的事故再发生。这些措施中既包括技术层面上的改进完善，也有政策法律层面上的预防，如日本政府颁布的《新干线特例法》，对于各种妨碍新干线运行的行为做出了严厉的处罚规定，从而避免了行人卧轨自杀而导致的安全事故。

（4）注重驾驶员的安全意识教育。日本的铁道部门特别注重对驾驶人员的安全意识教育，除学校教育外，在工作中，对于安全意识淡漠因而出现打盹等不负责任行为的人员，定会严格惩处。

2. 法国高速铁路发展的伦理审视

法国的 TGV 高速铁路自 1981 年通车以来，至今已运营 30 余年。在这一过程中，法国高速铁路不仅创造了无一人在高铁线路高速运行中死亡的记录，更秉持了一种人性化、重伦理的发展之路。从伦理层面来看，法国高速铁路的发展主要有如下特征：

（1）安全优先。即在速度与安全之间，安全第一兼顾速度。在技术层面，法国高速列车采用动力集中方式，保障了其在运营速度方面的高时速，如法国国营铁路公司最新研发的高速列车在 2011 年 4 月 3 日的行驶试验中已达到近 575 公里的测试时速，可谓破世界纪录的试验列车。然而，在实际运行中，法国高速列车的平均时速只有 260 公里左右，表明了法国高铁在运行过程中的安全优先原则。

（2）铁路标准化。法国的“铁路标准协会（BNF）”，专司制定、实施、维护铁路相关标准的职责。它在通用性、系统性与逻辑性、理论性与实用性、严谨性与灵活性、前瞻性与先进性等方面，都达到了相当科学的程度，成为法国高铁安全、可靠运营的坚实基础。

（3）人性化的购票渠道。法国高速列车实行多渠道的购票方式，既可以在法国国营铁路公司的售票点购买，也可以直接到火车站的售票窗口或自动售票终端机上购买，甚至在一些大超市里，也设有自动售票终端机。特别是网上订票，只需在乘车前在车站的自动提票机前取票即可，若时间紧，还可以选择网上购票火车站窗口取票的方式。短信购票则只需附加短信费，便可以彩信方式将车票发送到乘客手机中。

（4）注重生态环境问题。法国高速铁路在建设和运营过程中特别注重对环境的保护，如：确保农业经营不被隔断；负责出资重建被干扰或阻断的排灌系统、地方道路等；恢复采料场和储料场的农业价值；保护植物、野生动物和水源，并使铁路路基与周边景色相融合；注重沿线历史古迹和考古遗迹的调查、开采；尽力避免、控制噪音和震动的影响；注意施工过程中的环保问题，并使环保成本控制在 12%~15% 左右。

此外，有效的改革与安全监管措施，对新线路的长期试运行以及严格的上岗培训，也是法国高速铁路“零死亡”的重要因素。

3. 德国高速铁路安全运行的伦理审视

德国的高速铁路始通车于 1991 年，但在技术层面上并不亚于法国。它不仅技术高、时速高，并以舒适性、实用性见长，称为“城际高速铁路”或“城际特别快车”（ICE）。从伦理角度来看，德国高速列车主要有如下特征：

（1）安全管理。德国高速列车安全运行的首要保障就是设有独立的安全主管，通过法律规定来确保列车的安全管理。如德国《通用铁路法》规定，铁路公司有安全运营，安全建设基础设施、车辆和配套设施的义务，并负责维护使其在安全的状态下运转。为此，铁路公司必须实施安全管理，特别是保留有资格、高水平的企业安全主管。这些安全主管必须具有通过国家专门考试获得的上岗资格，并得到铁路监管当局的正式确认后才可聘任；他们负责安全管理，享有特别的法定权利，维护安全利益，而不是经济利益。

（2）人性化的车体设计。舒适性可以说是德国高速列车的最大特色，因此，车体的设计方面相当人性化。德国高速列车的车体一般采取天蓝色，令人赏心悦目，新一代列车甚至在列车两端配备了一个宽敞的全景走廊让旅客欣赏风景；车厢采取全封闭式，所有列车均提供标准低噪音空调，隔音功能极佳，即使运行中亦感觉不到颠簸产生的震荡与噪音；头等座位与二等座位均设有可调节的航空座椅，座椅下方还有耳机插孔，可以有多个频道的音乐、娱乐、信息等节目。

（3）高速路段与普通路段联网混行，可以说是德国铁路的最大特点。德国国内现有的6条高速铁路路线中，新建的铁路路线、既有铁路路线、改建的铁路路线之间可以混合运行。在高速路段跑高速，跑不了高速的，按普通铁路行车速度前行。这不仅提高了铁路的运力，也最大地节约了铁路资源。

三、中国高速铁路的未来发展的启示与建议

“每一种技术或科学的馈赠都有其黑暗面。”当人们期望从中获取更多的实惠时，同时也就必须承担因之而来的各种风险。作为尖端科技成果，高速铁路为人类文明和福祉带来了前所未有的便利和享受，却也不免引发前所未有的灾难与危险。然而，任何科学技术都是在发展的过程中逐渐获得完善的，人类也正是在这个意义上不断寻求自身的发展和完善的。在这一意义上，高铁所引发的安全忧患与可能的伦理后果，既给高速铁路的未来发展带来了挑战，也为其提供了方向。能否在受益与风险之间寻找一种平衡，提高高铁运营的安全性并减轻民众对高铁安全性的隐忧，直接攸关高铁今后的发展。

对于高铁的发展，我们既不可像以往一样只一味地追求“高速度”，亦不可因噎废食，止步不前。正确的态度是，客观总结经验与教训，对比自身历史和高铁发展史，不断学习国外发达国家的成功经验，以一种谦虚、谨慎、人性化的态度发展高铁。从伦理的角度来考量，中国高速铁路的未来发展，至少应关注以下几方面的问题：

（1）质量与安全是高铁技术发展过程中首先需要认真对待的问题。高速度是高速铁路区别于传统铁路的首要特色，但是，在追求高速度的同时，也不可忽略安全方面的考量，切忌以安全换取速度的错误。世界高速铁路的发展历程也一再表明，速度的提升必须在保障安全的前提下才是可取的。因此，作为一项系统性、综合性的技术工程活动，中国高铁技术的未来发展首先必须关注高铁技术自身的质量，注意高铁建设与发展过程中的安全性，在技术层面和管

理层面都严把安全关，确保其严格符合相关的技术标准与管理标准等。高铁的发展，技术是基础，也是关键。前期科研投入量加大，试验的反复性增加，是确保技术可靠性的关键环节。

（2）增强所有高铁工作人员的责任意识，是高速列车安全运营的根本保障之一。高速铁路的健康发展，除需要技术层面上的安全保障外，高铁工作人员的安全责任意识也非常重要。关于“7·23”动车追尾事故的各种讨论中，责任意识的匮乏被认为是导致事故的主要原因，也表明了高铁运行中责任意识的重要性。高速铁路的建设运营过程，是一个涉及多元责任主体的综合过程，涉及决策者的责任、设计人员的责任、工程承包者的责任、运营信号操控者的责任、列车驾驶员的责任等。在高铁建设过程中，决策者、设计者、工程人员是责任主体；在运营阶段，调度员、驾驶员则肩负着列车运行安全的大部分责任。也正因如此，日本、德国等国家在高速铁路的发展过程中，都非常重视对驾驶员等主要操控者及其他相关人员的安全意识教育。中国高速铁路的未来发展，也应特别注意增强高铁工作人员特别是驾驶人员的责任意识和安全意识，培养高铁人员对于生命的尊重，树立起“生命高于一切”的意识。

（3）政治、经济与社会利益之间的协调，是高速铁路健康发展的基础。高速铁路的建设和运行是一项极为复杂的社会工程，既涉及政治层面的考量，也牵涉大量的企业，更与社会大众的切身利益息息相关。在政治层面，高铁的发展除国家利益的政治性考量外，也涉及不同层级政府的部门利益，甚至不同个人的自身利益；在经济利益问题上，它不仅攸关铁路相关配套企业、铁路沿线企业的发展，也涉及沿线居民的经济权益的保障问题；在社会层面，也存在着社会公共利益与铁路系统的部门利益之间的协调等诸多问题。因此，处理、协调好相关的不同利益群体之间的利益，确保利益分配的公平、公正性，不仅攸关高速铁路的健康发展，也关乎社会的稳定。

（4）注重环境保护，是高速铁路发展中不变的主题。高铁发展过程中对于环境的保护问题，主要体现在建设施工阶段，这就给铁路工程技术人员提出了伦理责任的要求。日本土木学会关于社会资本与土木技术的2000年仙台宣言的要点中，对于土木工程人员的理念要求如下：与自然协调，进行持久的发展；尊重地方个性；注重保护历史遗产，发扬传统。美国土木工程师协会的伦理章程的第一条也指出，“工程师应当把公众的安全、健康和福祉置于首位，并且在履行他们职业责任的过程中努力遵守可持续发展的原则”。就具体问题而言，高速铁路的建设过程中，不仅要关注高铁沿线的生态安全与生物多样性问题，也要注重对沿线历史资源的保护。同时，对于高铁运营所产生的噪声污染、震动污染、电磁干扰等问题，也要进行严格、科学的控制，保证最小限度地减少对高铁沿线民众正常生活的干扰。

（5）人性化的发展之路，是高速铁路未来发展的基本原则。高铁技术的发展，除了必须要遵从客观规律外，还必须要以人为本，从“人”出发。人类一切活动的最终目的，是要促进人类的完善与文明的发展。无论高铁的未来将如何发展，都始终不可忽视对“人”的关怀，不可脱离“人道的”精神。因此，高铁在建设过程中，要充分考虑文化传承因素，重视沿线文物的考察、挖掘和持续利用工作，重视站房设计的人文性与自然性的完美结合。在对高速铁路的相关周边产品，如车体设计与规划、售票服务、列车服务等环节的经济利益的追求中，切不可忽视人性化的伦理准则。以人性化为指针，不仅注意高铁建设过程中列车本身的人性化设计，也注重强调运营过程中的人性化服务，才能真正确保高速列车的快速、安全与舒适。

高铁的发展是社会进步的表现，它也确实为社会带来了不少的便利与好处，中国高铁曾深得国人的赞美和外国政要的推崇，从某种意义上，这一度提升了民众的民族自信心和自豪感。然而，高铁事故所引发的人们的深层次思考，为高铁未来发展打了一个大大的问号！防患于未然，始终应是我们采取的态度。中国高铁技术的发展是人们为满足自身需要和追求进步并为之不懈努力、自主创新的结果，但却并不是可以按照人的主观愿望而无限向着美好的一面发展下去的。在伦理原则的指引下理性发展高铁技术，关注民众安全和环境、文化生态，注重高铁技术对自然、人文社会环境的影响，合理调适政治、经济与科技发展之间的关系，寻求更好的伦理发展空间，既不一味推崇，也不全盘否定，恰如其分地解决问题，找出切实有效的措施确保安全、可控，应该是当前和今后一段时期中国高速铁路发展的必由之路。人们期待未来的中国高铁，不仅仅是一条飞翔之路，更是一条安全之路、人文之路、幸福之路，不仅为国民出行提供方便，更为中国高铁技术走向世界奠定基础。

具有人文思想底蕴的工程技术人员在高速铁路建设中对工程实体质量的影响

工程技术人员的人文素养到底能给工程实体质量带来多大的影响，是工程哲学界一直关注和研究的话题。近十年来，笔者一直关注从事工程技术管理工作的技术人员对工程实体质量的影响，经过对高速铁路工程技术人员系列观察、总结和分析，从中梳理出一些工作实例中的共性问题，对这一问题给予相应回应，供学术界的同仁借鉴。

工程技术人员是从事工程建设的技术管理者，他们在施工中因循施工规范和设计规范以及施工安全管理相关规定，从事工程施工组织设计。他们的工作质量和思维趋向，直接影响工程实体质量的优劣。在工程技术趋于更加多样化、施工环境更加复杂化、人们对环境生态伦理的要求日渐细化的条件下，构成工程实体的外在因素已经远远超过施工技术本身，研究工程技术人员人文思想底蕴对工程质量的影响，对有效控制工程施工质量具有十分重要的意义。

一、工程质量的影响因素分析

工程质量的影响因素很多，既有内在的，也有外在的，其对工程质量的影响都是不容忽视的。从内在原因而言，一定时期的工程质量受设计理论和规范、建筑材料发展水平所影响；从外在原因分析，工程质量受外界官员干预、施工环境和当地人文宗教习惯影响、工程技术人员的主观倾向影响则较大。这些内外在因素，对工程质量的形成具有十分明显的关系。

从影响建筑质量的内在因素分析来看，这属于纯粹技术因素的影响。如建筑理论和设计规范的影响、建筑材料发展水平的影响、技术人员纯技术素质的影响等等。从某种意义上说，有什么样的建筑理论，就有什么样的建筑思想，就会形成什么样的建筑设计方法，就会对工程的外形和内在质量构成何种形式的直接影响。因为人们对建筑受力因素的分析是逐步深化的过程，建筑理论会随着人们对建筑认识的深化发生改变；随着工程建筑材料的革新，新型建筑材料的力学性能会大大改善，从而促进了工程质量的逐步提高。工程技术人员也会因为建筑理论的变化使技术设计和管理发生质的改变。如在建国初期，我们确定的“经济、实用、在可能的条件下注意美观”的建筑理论是因为限于当时的经济条件而形成的建筑理论，在这一理论的指导下，追求建筑的经济化，是首要因素，这就直接对工程实体质量形成一定的影响。在早期铁路建设中，因为钢材的质量性能达不到大跨度的受力要求，我国的铁路立交桥跨度早年设计普遍较小，而近年来则有了十分明显的变化，在钢材性能得到极大改善后，大跨度立交桥不断涌现，铁路站房也由过去的单一砖混结构为主发展到现在的以钢结构主体站房为主。工程技术人员的技术素质，也由手工画图转变成当下的计算机绘图设计，不仅工程设计的范围和数量大大扩大了，还大大减少了设计错误的比率。这些影响建筑技术的内在因素是因为时代建筑理论的变化、建筑技术本身的变化、建筑材料的变化而引起的，属于直接构成建筑实体质量保证的纯物质技术性因素，这些因素在一定时期内相对固定，属于影响工程质量的相对静态的因素。

从影响建筑质量的外在因素来看，这属于行政、社会、人文环境的影响。从行政而言，官员的盲目决策可能直接会导致工程实体质量的错位。这体现在一些站房建设的定位上，部分铁路官员主观臆断，致使一些高铁站房定位不当，形成先天不足的工程隐患。在一些宗教或少数民族地区，因为受民族、宗教纠纷因素影响，部分施工单位处理问题不当，导致拆迁滞后或者工程本体施工的最佳时机滞后，直接影响工程质量不稳。如某高速铁路隧道施工因为牵扯少数民族坟墓搬迁，这一工作久拖不决，施工时进入冬季，加之工期要求紧张，冬季施工致使工程质量受到很大影响。在工程技术人员的实际技术操作中，因为对当地风土人情的忽视，而导致当地民众的不支持，促使民众拖延施工或者人为破坏影响了工程质量。上述这些影响因素属于动态因素，随时处于可变状态，不好掌控。工程实体质量的影响因素是内在因素和外在因素的有机结合，只有正视这些因素，在适当的时机和范围内予以巧妙的控制和处理，才能真正保证工程质量创优。在内外因素之中，工程技术人员是内外因素的结合体。一方面，他们掌握着对工程技术本身具有内在品质影响的工程技术，他们的技术水平高低直接影响工程质量的优劣；另一方面，他们作为社会中人，在设计、施工过程中，无不带有人文思想的印迹，工程实体质量的形成自然会折射他们的人文情怀。作为工程技术人员本身素养的提升，离不开工程经验和施工技术本身的长期性培训；作为人文素质的提升，则需要工程技术人员自我修养的提高或者建设单位潜移默化地引导和适度地培训灌输。尽管在一定时期内，一般而言，这些人文情怀对一个工程技术人员的工程行为不会带来决定性影响，但在特殊时期和特殊工程决策上，人文情怀的多寡直接会影响工程质量的优劣，工程寿命的长短。注重工程实体质量的提高，就必须注重把握工程技术人员人文素养的提升。

二、具有人文思想的工程技术人员对工程实体质量的影响

具有人文思想的工程技术人员对工程实体的影响体现在设计、施工、维护等各个阶段，体现在这些阶段的不同方面。所谓具有人文思想的工程技术人员，是指在从事设计、施工、维护的过程中，在纯技术因素之外，综合考虑社会、人文、宗教等外在影响因素而从事日常工作的工程技术人员。这类技术人员既不同于那些专心解决纯技术问题本身的工程技术人员，又不同于专心涉猎工程管理、善于同社会各阶层打交道的工程领导人员。这个群体善于在从事技术活动中，对一个技术活动，适度考虑非技术因素影响而去主动从事工程技术活动，自觉将自己所具备的人文情怀融入工程技术活动之中，从而使工程质量得到更多可靠性保障和完善。

在工程勘测、设计阶段，具有人文思想的工程技术人员能完善工程设计，改变一些错误的技术决策。如某高速铁路工程，设计院工程技术人员在前期设计过程中，一个技术总体，是一位考古工作爱好者，在设计的前期阶段，对沿线的文物地理进行了全面的调查了解，在铁路选线过程中，要么进行了及时地避让选线，要么通知

文物部门及时进行了挖掘和保护，使得该高速铁路线沿线文物得到了妥善保护，使得施工阶段没有因为文物保护问题影响工程进度。无独有偶，在另一条高速铁路线设计中，工程设计人员缺少文物保护知识，前期调查不够细致全面，在施工阶段发现文物后，采取了极端的处理方式，致使文物大量破坏，部分线路不得不改线设计，使工程质量受到很大影响。从此例可以看出，工程技术人员的人文素养能为其在工程中面临与人文相关的技术问题时充分发挥主动性，从而使技术与人文的衔接问题得到极好的解决，相反，缺乏人文素养的工程技术人员，尽管面对比较明确的技术规范要求（如本例中设计施工规范中明确了对文物保护的相关规定），也会消极甚至盲目对待，从而造成更大的工程技术问题。如在某些车站的设计中，一位具有人文情怀的工程技术人员，对一个站房的设计自然会更多地考虑当地的人文景观和地理风貌，考虑当地的气候变化，在采光通风设计、建筑造型设计、道路规划设计等诸多方面充分考虑当地的特点，从而使得设计出的站房更加人性化，而对于一个缺少人文思想的设计人员而言，他设计出的站房可能外型上貌似高大、现代，但不够实用、地域化和人性化，得不到当地使用者的欢迎。设计、勘测技术人员的人文情怀，会让一个工程技术人员的站位既立足在技术的基础上，又注重倾向于民众需要，从而能有效阻断一个武断官员的错误决策。

富有人文底蕴的工程技术人员会将环保选线理念贯彻到选线的全过程。京沪高速铁路的选线十分漫长，前后历经10多年，是集政治、经济、军事、文化、社会、政府、企业、公众、地形、地质、环保、文物等各项因素与全过程的一个庞大的系统工程，需要选线者综合各方因素，系统考虑问题。对于铁路这样的线状工程，它还包括沿线的震动、噪声、电磁干扰、生态、景观等方面的保护要求。如某高速铁路站房在决策过程中，某设计单位技术总体，除了从技术方案本身对工程方案向上级决策者进行汇报，还通过自己对当地风土人情的细化调查和了解，提供了更为丰富的人文背景资料，有效改变了决策官员的原订方案。

在施工建设期，具有人文情怀的工程技术人员能对工程的建设具有良好的促进作用，他的一些做法从不同侧面会对工程质量带来相应的完善效果。如某高铁车站在经过某一回民墓场时，工程技术人员从当初技术测量时，就及时联系当地土地管理和民政、宗教管理部门，充分尊重当地回民的风俗习惯，为合理迁坟充分协助做好设计、规划工作，使得这一车站的整体建设得以顺利进行。相反，另一高铁大桥经过地段，虽然牵涉回民坟墓数量少，但由于工程技术人员缺少人文关怀，没有妥善处理好与当地回民的关系，在灌注桩过程中形成很大的社会阻力，影响了实体工程质量。这种因技术人员单纯从技术角度出发盲目施工引发的社会问题的发生，反过来影响工程施工的例子还有很多。对大多数高速铁路工程而言，早期的高铁施工都限制了严格的工期，一些工程技术人员，单独考虑技术问题而缺少对民众利益的周密考量，造成在施工中大量扰民现象的发生，欲速则不达，进而影响了工程技术质量。在施工过程中，具有人文关怀的技术人员，能赢得民众的支持，从而为工程实体的质量形成创造良好的外在环境。如某高铁施工单位，工程技术人员坚持在施工中将扰民因素降低到最低限度，在夜晚停止打桩施工，白天设置隔音墙，赢得了当地民众的理解，在水电供应方面获得当地的大力支持，有力地保证了工程施工。而在另一条高速铁路施工地段，由于当地工程技术人员在施工中设置路障方案考虑不周和打桩扰民现象严重，造成当地民众与施工人员的正面冲突，当地居民阻塞道路，造成了混凝土泵车不能及时赶往工地，影响工程的灌注，还有的居民将供水管剪断，影响了工程正常进行，使工程质量受到损失。

工程技术人员的人文素养体现在对民众利益的周密考虑上。在铁路工程施工中，施工防护工作是保证施工安全的重要方面，如果一个工程技术人员更多地从工程本体考虑，而没有考虑周围的民众出行，则可能在防护设计中过于简单、粗糙，而充分考虑当地民众的出行要求，就会注重立交桥防护过程中民众的审美需要和安全要求。如某施工单位在某高速铁路立交桥施工中，工程技术人员从方便当地民众的出行出发，没有单纯地考虑施工单位的利益，而是连续一周调查当地民众的出行数量和车辆通行密度，合理地设置了行车标识牌和防护桩，围护设施富有文化味和人情味，从而使工程得以顺利进行，施工单位没有因为安全问题而影响正常施工安排，有效地保证了工程进度。工程技术人员如果具有相应的人文思想底蕴，还能在施工中妥善处理自身单位利益与当地长远发展的利益之间的关系，能让一些技术问题转化为环境保护和生态伦理问题，为工程带来长久的质量保证。如某高铁施工单位，在工程施工阶段发现当地为原始森林区和自然风景保护区，为使当地风景得到最好的保护，工程技术人员设置了动物通道，为维护当地的生态平衡做出了贡献，获得了当地民众的欢迎。同时工程技术人员在设计施工临时便道时，和当地政府、村民经过周密协商，设计成便于当地居民长期使用的永久道路，这些细化考量为民众呵护工程实体质量提供了感情基础。相反的例子就是，在某些高铁工地，因为没有细化考虑民众的切身利益，在施工中和竣工后的高铁工程中，出现了民众出于报复心理不同程度地损害高铁设施的现象。高铁工程本体主要的作用在为高铁线的整体运营服务，但高速铁路作为线性工程，不可避免地存在着分段衔接过程中技术问题与地方人文相衔接的过程，工程技术人员单纯考虑技术因素而忽视文化、社会因素，就难以避免地将工程技术问题复杂化，会直接或间接地影响工程技术问题的解决。其实，真正纯粹的技术问题也是不存在的，技术与文化自古至今就存在着互涉性，承认这种现实，才是消解掉工程质量问题的关键。

在工程维护使用阶段，工程技术人员的人文情怀应该随着时代的发展和当地风土人情的变化而变化。如很多高速铁路工程在运营维护阶段，因为适当吸收沿途文化信息，尊重当地人的宗教文化习惯，在防护设施配置、色彩搭配方面给予适度的安排，这为高速铁路的工程设施的正常使用带来很好的加固维护作用；而在有的地区，因为缺少对当地风土人情的认识，出现因为不尊重当地宗教生活习惯而引发的当地居民的人为破坏，影响了一些建筑物的使用。铁路的标准化设计对一个没有人文情怀的工程技术人员而言往往成为陈旧的教条，而在某些地区，借助当地居民长期积累的防灾救灾经验，可能为高速铁路设施会带来很好的保护。

无论在铁路勘测设计期还是施工建设期，在这两个阶段工程技术人员的人文思想能让工程本身的技术问题得到更加圆满的解决。在笔者组织的对参与高铁建设的 11 个项目部的工程技术人员的调查表明：具有人文思想的工程人员对工程质量的贡献率最大，他们善于将自己从单纯的技术业务里跳出来，将技术问题与当地的人文风情、历史沿革、气候条件和环境保护等综合因素结合起来考虑，工作赢得了民众的理解和支持，在技术问题的处理上，不搞一刀切。而对那些只顾坚持技术原则的工程技术人员而言，大多数难以赢得民众的支持，要么因为考虑人文因素不周（如宗教和文物问题）而拖延了工期，后期抢工造成质量隐患；要么因工程的防护措施生搬硬套，不能结合当地的气候和长期积淀下来的工程经验，而造成工程不应有的损失。具有人文思想的工程技术人员十分注重对地方文化的对接，对民族宗教和生活习惯的尊重，对沿线历史沿革和环境保护的尊重，他们不同于一般技术人员的是能巧妙地把自己所学的人文知识运用到工程技术的规则、规范里，加以灵活的组合运用，使得高速铁路工程的施工更加富有人性化。和那些过于追求技术的原则化反而最终形成对工程质量有所损伤的工程技术人员相比，这些具有人文思想的工程技术人员富有文艺方面的爱好，在日常生活中表现出刚柔相济的一面，具有这类思想的工程技术人员，常带有文理兼容的特点，兴趣广泛且抱定终生学习的态度。即使在技术活动相对减弱的维修使用期，那些具备人文思想底蕴的工程技术人员在遇到突发技术问题和极端自然灾害时，处理技术问题的能力也明显优越于纯粹的工程技术人员，从而有效保证了工程维护质量和工程的使用周期。

三、巧妙运用工程技术人员人文思想蕴含，促进工程实体质量的提升

工程技术人员的人文思想对工程的影响是潜移默化、日积月累的过程，在工程实体形成的过程中，工程技术人员的人文思想对工程建设而言十分重要。相对于传统铁路工程而言，高铁工程具有高技术含量、大体积、全方位展开的性质和特点。无论是铁路桥涵、隧道、路基、站房的设计和施工，还是铁路在使用期间的维修与管理，工程技术人员面对的不再是单一的技术问题，具有人文思想蕴含的工程技术人员，就能在工程设计、施工、维修中更加合理地考虑与工程技术相关的人文、社会问题，从而能廓清影响技术目标实施的一些问题，为获得更加优质的工程质量奠定基础。培养和提升工程

技术人员的人文思想蕴含，对高速铁路工程本身不仅是技术工作中的必要任务，也是保持高速铁路百年质量大计的关键所在。

工程设计人员要加大人文思想的灌输与教育。设计方案的优化是高速铁路建设的长久课题，当下的高速铁路工程设计牵扯了更多的沿线人文景观、环境保护、社会伦理、经济发展等各个角度和侧面的问题，利益的交织和可持续发展的矛盾凸显，一个设计人员必然要摆脱传统铁路设计以铁路利益为中心的单纯思路，应该换之以更加全面科学的人文、考察理念。这就要求勘测设计人员要具有更加丰富的人文知识和社会学知识，不再是某一个纯技术方面的专家。对高铁设计者而言，本身就应该具有全方位的人文思想，而不是单一的铁路技术知识。在勘测设计过程中，要从可持续发展的角度出发，不仅要进行周密的技术调查，更要进行详细的人文调查，把人文调查成果有效地利用到高速铁路的技术设计过程中，从而确保高铁在设计过程中就要充分考虑沿线的人文、环境特点，使得高铁这种一旦建设就使用上百年的特大工程，不因人文问题考虑不周而形成永久遗憾。对设计人员而言，要把自我加强对人文思想的学习与强制性的人文思想的灌输结合起来。设计单位应针对不同高速铁路的地域特点和专业设计的特点，向他们提供更加到位的人文思想的学习范本，并引导他们不断优化线路设计，使之更加富有人性化。在选择路线方案和线路设计方案时，选择周围环境敏感性最小或者社会效益、环境效益最优的路线方案。为了有效地进行减噪，可以合理利用具有人文思想底蕴的工程技术人员在高速铁路建设中用土岗、小丘、人工声屏障、绿化带等障碍物产生的反射、吸收和绕射作用对噪音进行减噪。

运用正反两方面的例子为建设施工期的工程技术人员提供精神参照，引导他们自觉成为一位具有人文思想蕴涵的工程技术人员。工程建设施工人员的人文思想一方面来自于大学时期文理兼容的学习，另一方面来自于走向社会后通过与施工沿线民众的长期接触所积累的丰富经验。理论和经验的结合，对一个技术人员人文思想的提升具有不可或缺的作用。在我们大学土木工程专业的课程设计上，要考虑高铁工程可能涉及的一些人文思想问题，巧妙地设置一些诸如考古学、环境保护学、宗教学或者社会工程学之类的课程。通过这些课程的设置，让参与高速铁路建设的工程技术人员，切实感受到从事高铁技术管理需要具备人文社会科学知识。在参与建设管理的时期，要针对工程技术人员进行风土人情和地域文化等方面的教育，促使他们更加认真地思考自己所面对的技术问题不再是一个单纯的技术问题。如在铁路建设施工期间，应减少施工土方，节约用地，注意水土保持。严格按照规定地点取土，将弃土中的可耕土壤与底土分开堆放，待工程结束后，有条件的地方实现“覆土造田”。同时采取“林地补偿”措施，把因施工而破坏的植被和绿地面积，在工程后期应在铁路沿线合适的地方补种相应面积的绿树。既补偿了绿地面积又起到防风固沙、减噪声的作用。对高速铁路工程施工正反两方面的例子进行有的放矢的教育，使得工程技术人员懂得充分尊重民众，尊重宗教习惯，尊重自然环境，更好地进行施工期间的人文思想化建设。

对维修使用期的工程技术人员则应考虑高速铁路的线性特点，分不同区段进行不同人文思想的宣传和引导。维修期间的工程技术任务虽然相对减少，但因为使用过程中，高速铁路的行车安全始终和工程质量密切关联。发现问题不仅依靠铁路技术人员的日常维护，也与民众自觉参与不无关系，特别是遇到重大雨雪灾天气和极端事件，民众的参与更是十分重要的。具有人文思想的工程技术人员，就能在高速铁路的维修保养阶段，和沿线居民形成开放式对接的关系，从而深化形成周期性的联系网络，充分尊重当地民众正当的生活需求，为他们妥当解决应当解决的诸如立交桥通道雨季安全等具体生活问题，获得民众的理解；民众就可能将一些骤然发生的诸如桥涵裂纹等事件及时告知铁路工程技术人员，为工程技术问题的解决带来福音。事实上，再优秀的工程技术人员也不可能对当地的地质情况了若指掌，也不可能对每段的高速铁路线予以全日不缺位的关注，而铁路工程技术人员良好的人文素养，可以赢得民众最到位的配合，从而使得更多的突发性地质灾害得到最及时的反馈和处理。

铁路传统的路地联防的模式同样适用于高速铁路的技术管理工作，这也为高速铁路维修使用期的工程技术人员提出了更加严肃的课题，要求他们要成为自觉地具有丰富人文思想底蕴的技术人员，而不是单纯的维修技术管理者。

工程技术人员的人文思想的引领是一个长期而艰苦的工程，这项任务对工程实体质量的形成具有深远的保护意义。互联网时代的到来，改变了传统的铁路工程那种相对封闭设计与施工的历史，任何一个方案的实施和落实，始终会落在公众的舆论与监督之下，这种大监督格局形成了大文化的系统，使得高速铁路的施工不再是一个纯粹的技术问题，工程质量的形成更多地涵盖了社会、人文的因素。一个工程技术人员所面对的技术问题是掺杂了更多社会、人文因素以后的人文技术问题，因此，技术人员的素质提升，不仅意味着是技术能力的提升，而且意味着技术与社会的融通能力的提升，换言之，就是要求一个技术人员要善于为了实现既定的技术目的（质量目标），学会妥善地处理那些影响实现技术目的的人文因素，化其他力量为技术力量，从而才能确保工程质量目标的实现。对一个技术人员的成长而言，不是单纯地为技术问题而思索，而是更多地融入对当下人性的思考，对文化、历史的思考，对当地风土人情的了解掌握，对网络舆情的理性反思。去除技术本位主义，代之以更全面的人文技术思考方式，才是保证高速铁路工程质量获得更加长久维持的最佳通道。

四、结语

工程技术人员的人文素养是确定工程质量优劣的辅助因素，但在特殊阶段，这些辅助因素则会上升为主要因素，影响工程本体的现实质量和长久使用。妥善运用和发挥好工程技术人员的人文素养，使其人文思想底蕴成为保证工程质量的正能量，不仅是工程管理系统的长期任务，更是工程哲学工作者需要长期探讨的理论话题。从中国的现实工程管理实际出发，注重工程技术问题与人文思想的密切结合，注重工程内在品质和外在影响之间有机的联系，完善工程技术人员的人文素养，从而不断培养工程技术人员具备更丰富的人文思想，使更多的工程技术人员在从事技术管理工作中，多角度、全方位地观察思考技术问题，才能真正保障工程质量的稳妥、可靠，百年大计才不是一句空话。

高速铁路建设引发的高新技术多维度思考

随着中国进入高铁时代，高速铁路既给国人带来出行方式的转变，也拉动了沿线经济的发展。一方面人们在享受着高速铁路带来的前所未有贴着大地飞翔的感觉，另一方面，高铁事故的发生也引发了国人对高铁技术飞速发展带来的危险性的充分关注。多维度视角下的中国高铁，催生了人们对高铁的多重思维。正如对任何一门高新技术的认识一样，高铁技术的发展所带来的“双刃剑”悖论，依然左右着人们的思维，并将直接影响人们对高铁的评价和未来高铁的建设。

1964 年，时速达 200 公里的日本新干线在日本开通运行，号称“日本高铁之父”的十河信二此前却因“欺骗性渎职”为由辞去了职务；无独有偶，在 2011 年 6 月 30 日京沪高铁的通车仪式上，“中国高铁之父”刘志军也因提前“双规”无缘参加开通仪式。历史就是这样惊人地相似，“7・23 事故”更像是敲在国人心鼓上的一记重锤，让更多的中国人开始高度关注高铁技术的发展。连续数月对高铁的负面报道有增无减，引发了各界对中国铁路科技发展和运营服务的深层次思考，也引起不少国内外专家、学者对高铁的高度重视，他们分别从政治、经济、科技、文化、社会等多重维度，对高铁技术的发展进行了宏观思考。这些思考本身带着一种总结和探索的意义。中国高铁技术的发展目前正呈暂缓的状态，正是目前的这种状态，让国人和学者有了理性批判的视角和空间。当更多的人从体制、程序、社会影响上分析高铁发展时，有学者尖锐地指出，“高铁从一开始建设就是逻辑错误”；也有的学者认为“高铁是中国必须经历的自我折磨”，高铁事故成了中国媒体向铁道部发难的突破口，公众由此怀疑中国高速铁路的“技术不成熟”、“管理混乱”。和前几年媒体对高铁一路讴歌的热情形成鲜明对比的是，如今不少媒体记者对高铁几乎众口一词，横加指责。铁道部（2013 年，铁道部撤销，国务院组建国家铁路局和中国铁路总公司，下文不再说明）面临严重的技术质询和道德考问。作为一项新鲜事物，高铁在当代中国正经历着前所未有的磨难。民众的苛责和专家理性的鼓励相互辉映，正如很多科技发明初始时受到怀疑和责难一样，高铁正面临着举国民众的普遍审查。由此引发了人们对高科技本身的多维度思考：高新技术到底是欲望的帮凶还是理想的风筝？中国的高速铁路建设是快还是慢？今后还需不需要继续兴建中国高速铁路？

一、中国高速铁路的发展历程及其评价

中国高铁的发展经历了一个阵痛反复的过程。从邓小平同志改革开放之初乘坐日本新干线时对高铁的推崇，到中国 2004 年《中长期铁路网规划》对“四纵四横”客运专线的建设规划，聪明的铁路谋划者当时考虑中国人的文化适应习惯，悄悄地把“高速铁路”称之为人们容易接受的“客运专线”。而此前铁路六次大提速则为客运专线的建设提供了最基础的技术准备。中国在 1994 年以后，运用三年时间完成了《京沪高铁可行性报告》，1997 年获得国务院办公会原则同意，本希望马上建设，但此后朱镕基总理上任后一次对磁悬浮方案的推举，又使得中国高速铁路陷入华山论剑一样的辩论之中。通过“轮轨派”和“磁悬浮”将近十年的辩论，争论双方各自为技术方案的进一步完善赢得了时间。

随着 2008 年 8 月 1 日京津城际铁路开通运营，中国开始进入了高速铁路的新时代。作为中国最早开发建设的第一条高速铁路，京津城际铁路连接北京和天津两大直辖市，全长只有 120 公里。这条高速铁路于 2005 年 7 月 4 日开工建设，2007 年 12 月 15 日全线铺通，采用高新技术系统集成。开通伊始，吸引了大批媒体记者乘坐，社会各界对京津城际铁路赞不绝口。当时，在支持高铁建设的学者看来，京津城际铁路的建成无疑为高速铁路在中国的大力推广提供了注脚；可在反对高铁建设的学者看来，京津城际铁路无疑为高铁建设提供了一个反面教材。北京交通大学赵坚教授是一位始终如一极力反对高铁建设的专家，认为“没有盈利的高铁，中国高铁一条都不该建”。

在2009年访问印度之后，他借鉴印度高铁规划发展过程中咨询公司RITES的调查报告，认为客运专线建设不符合印度国情，国民的收入不足以支撑昂贵的票价。赵坚教授回国后据此写出一篇学术文章，建议中国效仿印度，大力建设货运专线而少建客运专线。此后，时任铁道部部长的刘志军在多次会议上点赵坚教授的名，并约见赵坚所在学校的校长。2003年，刘志军大胆提出了跨越式发展战略，认为中国铁路要想达到追超先进国家的目标，必须走超越常规的跨越式发展道路。

六次铁路提速是跨越式发展的基础性实验，铁道部自此迈出了有理论指导、有政策指引、有计划推进、有目标要求的高速铁路建设的步伐。在高铁赞美声很高的阶段，如赵坚一样的反对派还有曾任上海铁路局总工程师的华允璋以及铁道部专业设计院的姚佐周副院长。高铁事故发生后，一贯的反对派赵坚，尽管仍然还坚持反对高铁建设，但对高铁建设质量却大加赞赏，认为高铁建设质量好过国外。赵坚的学术立场在于：不能以高新技术研究者的狂欢来隐瞒高铁经营的负债累累。高铁在当期建设可谓生不逢时，于国、于民、于铁路自身都不是一个明智的选择。高铁高价不能适应大众的普通需求。他认为："任何一种技术的生命力都在于适应市场需求，而不是市场去适应技术。""铁路属于公共部门，不能单纯以商品定价。"赵坚教授认为：大规模的高速铁路建设，存在着市场风险、技术风险、债务风险和金融风险。中国应该按照国情要求，大力建设低成本的铁路网。他认为，我国的国情确定了旅客收入低，旅客旅游要求的层次低；国土面积大，城市之间的距离远，不同于日本等小国，城市距离短；我国建立一条京沪高速铁路，就相当于在日本和法国在其全境建立起整个国家高速铁路网。

高速铁路的反对派和支持派就这样各执一词。国外学者加藤嘉一认为，中国高铁要"慢慢来"。随着京沪高铁的开通，目前中国已经拥有超过8000公里的高速铁路线。京沪高速铁路的通车，标志着中国成为世界上高速铁路系统技术最全、集成能力最强、运营里程最长、运行速度最高、在建规模最大的国家。高速铁路一方面受到一些专家学家的极力赞扬和吹捧，另一方面，也受到来自圈内外不少人士的强烈反对。有人撰文认为"高铁是超级工程中的'魔鬼'"，认为高铁的产生折射了铁道部的集权效应，是铁道部实行自上而下权力集中和行政管理的结果。认为铁路的“跨越式发展”是“赫鲁晓夫式”的专制在铁道部内的具体体现。

国人关注高铁，认为高铁是高投入、高成本、高受益的项目，国人关心高铁技术本身所凝聚着中国人自身智慧的闪光，关注着这一基础设施的标志性意义和其作为未来交通方式为人们带来的出行的便利。

也有更多的高速铁路研究学者和工程建设者，注重对高速铁路建设的正面讴歌。他们从高速铁路速度快、能源消耗少、环境污染轻、占地少、安全性高等方面对中国高速铁路建设给予学术性支持，提出在中国发展高速铁路可以解决运输能力不足的问题，发展高速铁路可以促进工业化和城镇化发展，建设高速铁路可以拉动内需并促进产业结构升级，同时指出发展高速铁路是构建资源节约、环境友好、可持续发展的综合交通体系的需要。

高铁事故的发生，国人对高铁的建设技术、运营技术和信号系统产生很大的怀疑，认为高铁技术不应该暗箱操作，公开真相才能重建对铁路的信心。认为公众需要知道真相，需要了解中国铁路的安全系数。只有知道高铁真相，铁路未来的安全才有保障；只有告知公众真相，公众对铁路才有信心。

有网民则干脆把高铁看作是刘志军跨越式发展的不良产物，继而认为是刘志军的错误导向导致了中国高铁的提前出生，是不遵循科学规律的产物。

纵观国人对高铁的评价，不一而足。略微分析人们对高铁的态度，无外乎以下几个方面：一是对高铁在中国的决策过程的疑问；二是对中国高铁技术自我创新能力的疑问；三是对中国发展高速铁路的可行性和必要性的探究；四是对中国高铁技术的安全性进行考问；五是对中国高铁未来影响的疑问。从国人对高铁的各方面关注来看，因为视角不同，看似各有道理。但从更深层次剖析，中国高速铁路的建设既涵盖了政治决策层面的因素，又涵盖了我国高新科技的发展的决策与论证问题，透出了高新技术与经济、社会的紧密关联效应。

二、高铁发展的多维度思考

高铁发展到现在，高铁的决策对铁道部而言，成也萧何败也萧何。有专家责难，中国高铁的发展没有走民主决策程序，只是通过铁道部和发改委完成了最初的立项程序，没有在全国人民代表大会上进行投票表决。但事实上，京沪高铁的建设决策经历了相当漫长的研讨过程。一方面，中国高铁建设在经过六次大提速之后，使得铁路对运营基建设施有了相当长时间的实验基础，积累了一定的技术储备和人才储备，为京沪高铁的未来工程建设提供了最基本的硬件平台条件；另一方面，原定在1997年前后上马的高速铁路经过后来的“轮轨派”和“磁悬浮”两派之争，凭借相当长时间的技术辩论期，促使双方和铁道部加快了关于技术可行性的研究。从某种意义上说，中国高铁建设得益于这一宝贵的争论，主要发生在技术可行性的论证过程中，且保持了近十年的探究时间，为中国高速铁路的决策提供了一定的科学逻辑性。理论上说：争论得越久，越富有理性。但铁道部大一统的严格行政关系，又为高铁技术的这种民主决策机制的科学性打了一定折扣。1995年首次在国内成功实现了全尺寸单转向架的载人运行，为我国磁悬浮列车技术的进一步发展奠定了技术基础。这条试验线的建成，标志着中国已经掌握了制造磁悬浮列车的技术，也为两派相争提供了可见分晓的最基本数据参照。一方面，高铁的发展有了技术储备；另一方面，刘志军上台后大力推动“跨越式发展”战略，从某种意义上催生了高速铁路的尽快建成。抛开刘志军其后被中纪委双规这一问题不谈，单从当时的外在环境看，铁道部的大一统体制也为京沪高铁等立项的批复提供了基本的可能性；刘志军本人的工作作风也对高铁的发展有一定影响。客观地讲，没有铁道部的这种传统意义上的计划体制做统领，对高铁技术的选用和引进，汇聚科技大兵团集中开发就不会形成气候，高铁技术引进可能会向后拖延很久；没有铁道部当时领导人的武断决策，在看似违背渐进性发展的科学规律后面，铁道部也就不能大胆引进和勇敢创新也使得铁路高新技术发展得以飞升，中国高铁也不可能有如此快捷的发展。我们不能脱离当时的技术引进情形来分析中国高速铁路的发展历史。

诚然，这种决策的弊端也是显而易见的。对高铁轮轨技术的采用就是领导先决策再论证的结果。不少与高铁相关的站房、技术引进操作等也走的类似路子，缺少预先充分的论证，决策缺乏应有的科学程序，而走了先决策后论证等违背科学规律的现象，影响了高铁整体技术的严谨性。高铁建设的高速度又使高铁建设违反科学施工规律，使得工程质量极具风险性。全国性的高铁建设规模不断加大，虽然在一定时期内拉动了中国经济的提升和相关产业的发展，但由于缺少认真、仔细、全面、科学的交通布局论证，也易造成重复投资或者无效投资。对于高铁这样一项公共性、社会性都极强的技术工程，相关的论证与讨论都主要集中在技术性层面上，而对于其所可能导致的社会、政治、经济、环境等方面的影响，以及公众的态度，在高铁的决策过程中却被忽视了。高铁建设速度过度加快，直接影响了周边地区的政治、经济、文化和生态环境的平衡，引发一些无可挽回的损失，而对这些损失的估量不是简单的一个工程实体和高铁工程的快速运行所能涵盖的。

一个成熟的工程本身所带给人的可能是荣耀、辉煌乃至骄傲，但一个没有经过广泛科学论证和听证的工程所引发的争论及其损伤乃至阴影也将是长期的。高速铁路建设的泛全国化，存在着不少论证不切实际、不够严密的地方，势必导致一些地区人文思想的变异。尤其是“7·23事故”以后，随着高速铁路工程建设的降温，这些缺陷日渐明朗化：一是铁道部的欠债引发了工程单位的连带欠债，直接影响了一些地区的政治、经济、社会的稳定，影响了很多民工群体的家庭生活。二是暂停工程制约了相关产业的发展和工程所在地的环境复原。三是高铁本身频发的各类事故动摇了一些人对高铁的信心，引发一段时间内一些旅客不敢乘坐动车；高铁事故还引发了原本积极的国际社会对中国高铁的信心缺失。

作为具有综合系统技术的中国高速铁路建设，是一个复杂性极强的系统工程。国人对高铁自主创新的怀疑，折射了中国高铁发展的重重技术疑团。中国高铁技术要想实现对发达国家的赶超，首先要进行复杂技术和复杂产品系统的追赶。我国高铁技术的追赶过程和路径，就是认为复杂产品系统的技术追赶必须以动态比较优势理论为指导，充分发挥政府的引导和政策支持作用，结合我国高速铁路的科研实际、技术、资本等要素条件，有计划、有重点地选择一些复杂产品系统领域进行技术追赶。我国高速铁路的发展，在前期主要依靠国内企业自主研发的封闭线性追赶路径，科技力量没有得到有效整合，科研力量比较分散，没有形成科技创新整体网络，导致高铁相关企业各自为政，技术追赶速度缓慢和大量研发资金的浪费。

高铁发展后期，尤其是2004年以后，铁道部实行统一资源整合原则，调动国内铁路各个环节的技术力量，通过贯彻“技术引进—消化吸收—自主创新”的开放式网络追赶路径，建立起全国统一的创新集成平台，有针对性地引进关键技术，整合铁路内外100余家企业和单位，在技术、设备引进上一致对外。在整个追赶过程中，形成以铁道部代表政府为主导、以企业为科研主体，产学研结合的技术创新体系，充分发挥联动创新的优势和作用，对核心技术通过统一向国外公开招标，分别从高铁技术发达国家引进尖端高新技术，在引进的基础上，坚持对引进的技术尽快消化吸收，完成了自主创新体系的建设。高铁技术的自主创新无论是建设期基建工程本身系统的全方位创新，还是对机车运行系统所进行的技术创新，以及对信号指挥系统的改进创新，都是一种前所未有的推进，构成高铁建设的一大高新技术特色。

笔者前期曾参与京沪高铁的地质勘探和施工工作，多次被高铁工程施工技术创新步伐的加快所吸引。从某种意义上来说，高铁技术施工的创新取得了前所未有的技术进步，获得了丰硕的技术成果。机车车辆的自主创新更是如此。从国外引进的动车组车体多是分离制作，而中国制造的车体充分借鉴国外车体的先进性和优越性，同时自主创新了整体车皮制作技术，使得动车组本身适应速度提升的性能更加完美。但任何科学技术的发展都需要必要的消化期和磨合期。中国高速铁路大规模引进新技术，虽在此基础上坚持大胆自主创新，但在创新过程中，因为知识、经验和对高铁技术责任心高低、高新技术人员个人认知能力和操作技术的差异、管理模式的不同等变化，造成自主创新高铁技术产品在加工和使用过程中存在着一些隐性的或显性的缺陷和不足。以高铁工程施工为例，为在短时期内突击完成钻探任务，势必引发设计单位大量招募达不到要求的部分私营或者素质不高的勘探设计人员进行现场勘探，难以保证勘探结果的高度准确性。

这种局部性的非严谨性科学成果，将直接影响后期整体工程设计的质量和工程本体的品位，工程质量问题在设计之初就隐性存在了；高铁列车运行系统是综合设计和系统集成的结果，也可能因为设计人员的仓促设计或者疏忽而酿成千古憾事。高铁事故的频繁发生与其说是技术本身存在问题，不如说是对高铁建设速度过快的一种责任技术的尖锐控诉。技术引进以后，没有相应的消化期，技术人员很可能陷入“照猫画虎”地肤浅理解技术的尴尬境地，难以真正领略所有的技术创新的要旨。而高速铁路作为一个大联动机，每一个环节出现的问题都可能是致命的。高铁在技术创新方面的努力与高铁建设时间的短促势必引发尖锐的矛盾对立。一方面，大胆引进国外最尖端的高铁技术为我所用，从而节省更多的科研实验时间，优化技术是高铁发展的正确选择；另一方面，缺少对科学应有的尊重，缺少对重点关键环节技术的反复认真的对比试验和论证，最终导致的是高新技术引进过程中的“夹生饭”效果，作为高新技术科研人员必然是自食其恶果。

从宏观层面全面、积极推动高速铁路技术创新，有其利于高铁技术及时引进的益处，尤其是对核心技术集中突破的做法值得肯定，但过分相信自己的技术力量和主观能动性，否认对科学的认知需要一个时间过程，靠“行政独大”和非民主决策指挥高铁技术研究，并靠行政力量来干预科学技术研究成果的非成熟运用，后果自然可怕。在沿线高铁火车站设置过程中，缺少周密的规划，仅凭地方政府领导或铁道部领导的想当然独断决策，而缺少细致的专家参与的反复评价与分析，造成车站技术功能和使用功能的严重过剩，使得民众很难在短期内享受高铁运行后的技术成果。在运行系统的整合创新上，一些信号功能的设计缺少系统性，直接引发了高铁事故的发生，影响了国人对高铁的技术信任度。

高新技术的引进是一项系统工程，按系统哲学理论，任何一个系统内部小系统的变化，都会引发系统之间的变化和整个系统的稳定。高铁技术的发展也要遵循这一规律。注重高铁发展的节奏，灵活把握科技发展的规律，靠科技管理工具营造科技创新模式和氛围，才是高铁有序、可控发展的明智之举。

三、未来中国高铁该如何发展

中国是否适合高铁的发展？高铁发展是否有可行性？该以怎样的规模和速度建设高铁？不仅成为高铁热之后专家学者反思的问题，也成为每一个国人时常思索的问题。高铁引发的人身伤亡事故，再一次让人感觉到高新技术给人类自身带来的毁灭性打击。尽管我们不能把其同日本的核电站事故做简单的类比，但高新技术在让国人享受更大利益的同时，也增加了其危险性。在“7·23事故”发生之后相当长一段时间内，高铁乘客大大减少，这充分说明不够成熟的高铁技术会动摇前期一部分对高铁充满期待的旅客的信心，高铁遭受到前所未有的“安全考问”。越是高新技术，在现代社会，就越会遇到类似问题。与高铁庞大的动车车厢相比，人们可能更愿意接受小轿车的便利；飞机行业曾有一段时间对高铁高山仰止、甘拜下风，但在安全旗帜下，高铁事故发生后使得高铁市场悄然让位于飞机行业。一项高新技术的发展会影响人们对它最初的安全信任感，但高新技术前期的外在迹象表现很可能成为影响观察者内在心理的终极印象。随着高铁发展而引发的高铁两侧的电磁辐射、光辐射、噪音污染和环境污染等因素影响民众的日常生活时，这些负面效应都将会为高铁的未来发展留下一些阴影。高铁技术的综合性从另一个角度折射出高铁技术的系统性和精密性，它的每一个螺丝的松动影响的不仅仅是高铁自身的安全，更影响着高铁未来发展的命运。

中国高速铁路的发展刚刚起步不久，正像任何一件新生事物一样，有一个与环境不断磨合并追求自身完善的过程。需要不断引导民众加强对高铁本身、对高铁技术系统的重新认识，不能因为一次高铁事故而断然否定高铁；更不能因为高铁建设过程中决策者出了问题而否定所有的高铁成绩，这种“连孩子和洗澡水一同倒掉”的行为是最愚蠢的行为；更不能因为技术创新领域出现了腐败行为而终止高铁技术创新的步伐，特别是高铁发展到今天，中国高铁的自主创新技术引领世界高铁技术领域已经成为不争的事实，因噎废食和止步不前都不是明智之举；更不能因为前期高铁建设布局的缺陷而全盘搁置中国的高铁建设。高铁建设既要考虑民众的需要，从我国的经济现状出发合理布局，又要充分把握自身盈利的空间，为经济与技术的互动创造一种可能；既要宏观把握整体技术的运用，又要细致掌握每个技术引进过程的技术引进的规范性。

在未来，高铁的发展应该进入理性的发展轨道。高铁的发展是一项系统工程，在积极推进技术性层面上高铁技术的引进、开发和自主创新的同时，也不可忽视运营管理上的创新，努力营造中国高铁在运输与营销服务中的新形象；作为一种“大国技术”，中国有着发展高铁技术的优势与条件，但对于因之而来的高铁效应，我们也必须审慎思考。

四、结语

高速铁路作为人类为了改善自身生存环境而发展的尖端高新技术，对它的合理利用与开发，必将促进人类自身的技术进步和完善。在高新技术面前，人类要怀着谦卑之心，自觉尊重科学规律，理智、冷静地运用科学认知、创造和发展规律，才能让欲望的帮凶变成希望的风筝，完成人类美好的改善环境、创造美好生活的良好愿望。中国高铁技术的发展提醒我们：任何一项高新技术的发展，都要求人类理性地面对自己所处的外在环境和技术储备过程，合理地运用现行的科技运行体制和决策机制，自觉按照科学规律办事，因人、因时、因地制宜寻求科学的规范、有序、渐进式发展，使得高新技术研究的科技共同体自觉遵守与时俱进的科学道德规范，才能获得稳健、扎实的成功。任何企图一蹴而就，追求盲目跨越的非科学性急促做法都会引发难以避免的灾难。

第三篇　科学技术创新与人文伦理

设计催生国力强盛

中国进入了一个崭新的发展时期，在这个时期，运用设计的力量和手段可以解决很多现实中的发展瓶颈问题。之所以这样说，是因为随着经济的发展，人们已经不满足于传统的生产方式和经营方式。作为企业而言，要想追求企业的利益最大化，不仅面临很多外部的市场竞争，更面临内部的整合和管理上的提升；作为普通民众而言，互联网时代的到来，使得人们不断对日常生活提出更高品位的质量要求。而这一切，源于对生产过程的有效控制和对细节的精美设计。实现这一切要采取的方法尽管途径很多，设计作为关键的一环，是突破这一瓶颈问题的核心所在。

传统的企业可以四平八稳地靠一种产品生产发展多少年？时代的飞速变化，各类企业之间的竞争，促进技术革新步伐加快，企业靠创新支撑发展的例子不胜枚举。创新是企业发展不息的原动力。设计作为一种早期控制手段、过程完善工具、对外营销策略宏观控制市场的有效载体，在企业的生产经营中起着举足轻重的作用。客观地讲，谁重视了设计的创新性，谁就具有了抢占市场先机的可能性；谁在创新中更多地融入设计的因素，更加严谨地从事设计，企业抗击风险的能力就强一些；谁在企业设计中更多更完美地考虑技术和人文的结合，谁的产品就可能赢得区域市场的青睐。靠设计一路争先，已经成为当下全球企业发展不二的法则。设计的重要性由此可见一斑。

对个体消费者而言，随着时代的发展，人们对衣食住行的要求已经不止满足于简单的温饱和方便，人们对现实生活提出了更加严格的要求。比如台湾设计者通过设计对台湾生产的粮食进行包装，融入传统故事、文化设计，从文字、图像和外形设计诸方面介绍该类粮食的特点，使得粮食的附加值大大提升，这种设计方式无疑成为推动农产品畅销的有力手段。设计成了另一种生产力。它让广大市民在感受文化传承的同时促进了购买欲望，这充分体现了设计的魅力。在物质文明发展到一定阶段，人们对日常器物的选择就达到了一种挑剔的程度。精明的台湾设计者，将自然元素融入日常器物的选择之中，将普通的锅灶用原生态的表现手法做成竹筒或者其他形状，彰显了中国传统文化的魅力，让日常生活的必需品带有更多的文化符号，备受消费者喜欢。这些物品既有生活的亲切感，又有文化的传播力，赢得民众喜爱。

设计的力量不仅仅体现在与民众关系密切的器物上，更重要的是，它还体现在公共设施上。意大利的设计家把街区的设计与器皿的使用密切结合起来，即使是一把街心中的躺椅也被设计成具有时代感的雕塑形状，这些设计因其造型特别招人喜爱，而成为民众乐意前往的所在。

创新的公共设计既具有强大的市场竞争力，也在创造着文化品牌。在公众所需要的公共消费品或者公共社区，设计者需要在创新设计理念上考虑民众的多元要求。在香港所展出的外国设计师设计的水上红唇黄鸭子，它的魅力不仅仅给现代繁华都市中生活的人们带来一丝悠闲，更重要的是它的趣味性让更多的参观者童心回归。一个好的设计产品赢得的首先是观众的好评，随之而来的才是滚滚财源。

城市经济的发展离不开设计的创新和到位。在中国，我们欣喜地看到，城市经济的快速发展带动了设计创新的飞速发展。更多的城市管理者，感受到设计创新的重要性。一些城市已经不仅仅局限于建筑的设计创新，而是将这种设计创新的理念贯穿到城市管理的各个环节。更有富有远见的城市管理者，将设计的内涵拓展到更加宽广的领域，设计成了促进城市发展的原动力。在一些发达城市，具有前瞻国际意识的设计大师，将自己的产品设计定位在国外市场，不仅设计了像精美的插座、优雅的带有中国传统文化特色的餐具茶壶，还有骑起来永远不倒的很小的电动车。这些设计大师，善于将最先进的技术融入最新的设计之中，使设计出的产品更加适合世界上不同国家和民族的需要，为国家外向型经济的发展带来了更多的发展空间。

中国要想发展成世界强国，强化设计创新，是不能逾越的必然之路。思考设计的民族特色，对比与国际设计界的现实差距，充分挖掘自己的技术实力，搜寻和完善设计的文化含量，通过精深、严密的技术设计，充分考虑审美、环保、世界一体化等各方面的因素，才能使我们的设计更加富有国际竞争力。

一个国家的发展需要长远的设计和规划，一个企业的发展需要环环相扣的设计和构思。当今世界，谁抢占了设计的先手，谁在设计上下的工夫最多，谁的受益将会最大。互联网的发展带来了公平的机会，设计的创新性、文化性、地域性、世界性乃至系统性是保证设计方案和成果具有国际竞争力的关键。我们有理由相信，中国只要加强这方面的意识，完全有可能后来居上，成为一个注重设计的国度。

企业技术创新与文化创新的耦合与互动

人类的发展伴随着技术的发展，是利用自然、改造自然不断深化的过程。技术创新在人类发展的不同阶段具有不同的特点。技术创新一般具有继承性（连续性、渐进性、积累性）、飞跃性（阶段性、非连续性）、相对性（可重复性和可选择性）、社会性、革命性和客观性等特征；当代技术创新的特点具有系统性、可预测性和可控制性、短周期化、科学化和经济化、软件化和信息化、高技术性与复合化。技术作为一种系统，技术创新是指技术系统的创新。技术创新的共性在于技术人员对原有的技术系统的某些要素进行改变，使之更加完善，从而能生产出更优质的产品。企业文化“是指在一定的社会经济条件下通过社会实践在企业内部形成的，并为企业内部成员所共同认可的共同意识、价值观念、职业道德、行为规范和准则的总和，是一个企业或一个组织在自身发展过程中形成的以价值为核心的独特的文化管理模式”。创新是企业文化建设的生命力所在，是企业的核心价值观。学术界对于企业技术创新和文化创新的论述已不少见，然而现有研究往往论及其中一点而忽视其余，未能注意到企业技术创新和文化创新二者之间的内在耦合。事实上，企业创新作为一项系统工程，需要以技术创新和文化创新的结合和互动，方能实现企业创新的双轮驱动。

一、技术创新的文化价值蕴涵

技术创新是技术发明同社会经济性相结合变为产业技术的过程。生产型企业需要注重产品的技术创新；生产经营型企业则更加注重技术创新的社会文化性；对纯粹的技术创新型企业而言，技术理念本身就蕴涵了文化理念。三种企业虽然各自有所侧重，但都无一例外地拥有文化创新对技术创新的推动作用。从技术创新意识、技术创新资源投入、技术创新水平和成果检验都可寻求到技术创新的运营机制中所包含的文化因素。从某种意义上说，技术创新本身显示了企业的内在文化模式和运营机制，也是企业文化在技术工作中的具体体现；在企业技术创新经营机制和组织与管理机制中也体现了技术创新过程中的文化价值。技术创新最终形成的产品这是企业文化的物化代表物，人们通过产品不仅感受到技术创新的实际效果，更体会到企业文化的内涵和外在表象符号。技术创新成为企业经济增长的根本动力，经济增长为企业树立品牌地位、改善员工精神面貌提供了坚实的物质基础，而这些构成企业新的文化价值。

二、文化创新的技术价值蕴涵

文化创新与技术创新在企业创新过程中相对独立但又互相融通，二者你中有我，我中含你，互相蕴涵，互相转化。技术创新为企业带来经济方式的变革和经营结构的改变，也同时改变了员工的思维方式、行为方式，并日渐演变成一种工作标准、一种工作作风，进而形成企业特有的文化力量。这种文化力量的积聚和提升，又为新的技术创新提供了更多可能性。有效的激励制度保障了技术创新的持续性，有效的激励机制是技术创新的产床，能使得企业自始至终追求企业的技术个性，获取和保持企业在市场上一段时期内的技术垄断地位，保证技术成果的有效扩散和推广，提升企业的技术研发能力。文化创新中的人本思想为提高技术人员的素质提供了理论支持，而高素质的技术人才是技术创新的重要基础力量。文化创新为技术创新不断优化环境，提供内在驱动力。

三、文化创新为技术创新提供保障性支持

技术创新涉及各方面的内容，牵涉科学研究、工程技术、经济社会、网络信息、企业文化等各个方面，是一项系统工程。因此，仅仅考虑技术革新层面的创新活动不足以把握技术创新的整体特点，要从宏观和微观相互结合的原则上更深层次地把握技术创新的原因和后果。企业技术创新作为国家技术创新的最重要的组成部分，属于基础性的技术创新系统，它与市场联系最紧密，也是最容易受市

场打击的前沿性的技术创新关口。企业技术创新已不再是传统意义上企业个人的事，直接关联国家的经济发展和局势稳定。企业技术创新一方面面临着外在的政治、经济、法律等社会环境影响，另一方面企业内在文化也在影响技术创新的战略制定、人员素质、推进快慢。技术创新不再是单一的技术人员的事情，而是一个企业文化实力的体现。

1. 文化创新为企业人财物的解放提供了保障

企业文化是一个综合概念，从某种意义上说，它是构成企业核心竞争力的灵魂。宏观而言，企业文化建设囊括了企业的各个方面：从企业建筑的风格，内在价值观念的形成，到制度建设、管理体系等等都可以理解为企业文化的一部分。现有的企业文化为已有的技术革新提供了制度保障、体系支持和环境优化功能，使得技术创新自然而然成为企业文化的一部分，技术创新代表了企业文化中最具有活力的部分，一方面它和其他众多因素一起构成了企业文化，另一方面，它具有鲜明的个性化特点，仅靠笼统的企业文化概念难以阐释技术创新的特性。随着企业内外环境的不断变化，企业技术创新越来越离不开企业文化的支持。当传统意义上的企业文化不能为技术创新提供生机和活力时，就需要进行文化创新，通过文化创新促进技术创新几乎是每个企业都面临的实际情况。

文化理念是技术创新和文化创新的灵魂。企业技术创新是为企业的发展蓄积创新生产潜力、营造产品市场和经济增长点的力量源泉，而文化理念则使得这种生产潜力、产品市场和经济增长变为现实。一个企业的文化理念体现在价值观念、经营理念和管理理念上。文化理念是否符合市场要求，是体现企业竞争力强弱的关键所在。每个企业都有自己的文化理念，在不同的文化理念指导下，有什么样的价值观念就构成什么样的责任意识、价值规范，这种价值观念为从事技术创新的技术人员起到了一种思想指路灯的作用。在这种价值观念指导下，技术人员的技术革新行动就带有明显的企业文化色彩，技术人员的做事风格、研究思路常常带有本企业的思维特点，而不再是单纯的技术活动。文化理念指导技术人员投入到技术创新的活动之中去。企业的经营理念涵盖了如何参与市场竞争、如何服务用户和如何改善经营的问题。经营理念需要不断随着市场去改变，竞争的日益残酷，用户的多元需求，经营的变化莫测，都会影响企业在不同的时期形成不同的经营理念，进而折射到技术创新的过程中去。管理理念的核心是质量管理，从管理对象的人，到管理过程的控制，同样涵盖了参与技术创新的技术人员如何更好地面对技术创新回答“做什么”、“怎么做”的问题。企业文化理念从某种意义上是把技术创新和文化创新相结合的纽带，构成企业技术创新和文化创新的灵魂。企业的价值理念和经营理念、管理理念创新，直接或间接影响技术创新的力度。

营造文化理念指导下的技术创新，靠文化创新的浓厚氛围推进技术创新，是每个企业都在努力去做的事情。高新技术营造高端产品，无论是文化理念的构建还是技术创新的推广，都离不开高素质的人，技术创新不再是技术人员或技术群体个人或小圈子的事，它还涵盖了企业战略规划人员、人力资源管理和企业文化部门的管理人员。企业文化体现在企业内在品质和外在形象的统一上，企业文化可以物化成技术革新成果，反哺企业的创新发展。

2. 文化创新为企业转变生产方式和调整经营结构提供了可能

文化创新作为企业技术创新的环境支撑、制度支撑和理念支撑，体现了一种“软件”建设功能。文化创新同样也会影响企业生产方式由粗放向集约、由简单到综合、由高消耗到低能耗、由粗陋向精致的转变。企业的价值观念的变化直接影响着企业员工的心理素质，并为企业培养技术人员提供各种各样的软环境。从事技术创新的技术人员无一例外地都要受到文化创新的影响，文化创新推动了技术创新，技术创新又为生产方式产生根本性的改变提供了物质基础。文化创新和技术创新为生产方式的转变提供两翼支持，经济结构的调整同样也是技术创新和文化创新综合作用的结果。

3. 文化创新催生了技术自主创新群体

技术创新是一个知识的投入产出过程。技术创新需要三种制式投入：通用的科学知识、产业通用的技术知识和企业特定的技术知识，其中企业特定的技术知识构成自主创新的关键。文化创新的魅力在于，是一个企业区别于其他企业，体现本企业创新的文化革新过程的软环境。现在国际上一些经营势头长久不衰的大企业，经营的秘诀来自于独特的管理创新、激励机制、价值观念等文化创新理念引导下的技术创新的持久推动。在合作创新过程中，企业通过与国内外创新群体的合作形成了竞争型合作创新组织模式和供需型合作创新组织模式，在合作中锻炼了自主创新能力。在企业内部，通过理顺程序，建立相应的管理制度和构建到位的技术创新激励机制，形成企业内部的自主创新群体。对基于技术关联关系而形成的技术创新群体则成为企业创新的主要群体力量。围绕自主创新群体构建市场、技术、信息、组织和制度支撑体系，通过核心产品打造核心技术创新品牌，推动企业的长久发展。

四、以文化创新和技术创新的互动结合推动企业创新

文化创新催化技术创新，技术创新又为文化创新内容的丰富提供物质支撑，文化创新和技术创新相辅相成，二者不可或缺。缺少技术创新的企业，形不成核心竞争力；没有文化创新的企业，无法为技术创新提供优势软环境。只有坚持文化创新与技术创新的互动结合，企业才能立于不败之地。

企业作为技术创新的决策主体、投资主体和实践主体、经营主体，要加大在研究开发、生产、销售和教育培训等方面的技术创新管理；要确保技术人员的投入，保证他们有充分的智力投入和精神投入，同时注重与国际市场接轨，培养高、精、尖的一流技术人才；要加大奖励力度，按照非常规的奖励政策催化企业技术创新之花；营造企业全过程的技术创新领头企业制度，培养有潜在发展优势的技术创新型企业；要认真培养一批具有国际视野，兼具人文和自然科学知识的企业家，这些企业家要有最宽泛的视野，最科学时尚的思维方式，能敏锐地捕捉到国内外市场上的科技脉搏，让这些企业家在搏击市场中靠遵循市场规律来调整企业技术创新步伐，确定技术创新的方式。

营造企业文化创新氛围与倡导企业技术创新是一脉相承的思路，坚持营造适应世界文化发展潮流的文化，是企业自身发展的文化需要，也是技术创新的具体需要。在企业文化的主旋律中，坚持技术创新的自主性品格，会使得技术创新走出更加优化的路子。企业要想获得更大的技术创新成果，就需要建设一个积极的文化环境。环境是影响个体创造力潜能发挥的重要因素，只有重视文化基因的培

育，营造宽松和谐的创造发明环境，大力推行创新教育，使科技人员富有创造发明的热情，并富有居里夫人般的追求品格，才能保证创新的高品质。

文化创新可以营造创新文化。创新文化是竞争的文化，竞争一方面追求刺激创新，另一方面蕴含公平、公正原则，这种原则构成一种文化环境；创新文化作为具有人文精神的文化，在产品的营造中体现了尊重人的需求，关注人的尊严，宽容人的个性，这样的文化既是文化创新的要求，也是技术创新的内在追求。企业做好文化创新指导下的技术创新文化的营造，才能保证技术创新的品位；技术创新在创新文化的指导下，才能引导技术人员完成文化的自我塑造。

从技术伦理看道德底线问题

20 世纪 90 年代中期开始，国内各界围绕“道德底线”问题展开了激烈争论。争论的结果不仅使“道德底线”进入到世俗生活的各个层面，而且出现了一面倒地赞成或支持“道德底线”的现象。在此倾向下，对道德底线质疑的冷静声音则被湮灭。笔者认为，道德底线并非放之四海而皆准的普世概念，它只在一定场合或特定论域下成立，超出这些场合或论域，“道德底线”就会走向荒谬。本文在对道德底线说法本身做出学理分析的基础上，从技术伦理问题意识出发阐述道德底线存在的限制条件问题。

一、道德的现代存在方式

道德是人类独有的意识现象，它伴随着人类意识状态的改变而改变，所以，古今中外的道德总是处于不断的变动、发展之中。从共时态上看，道德往往存在地域、民族、国度等方面的不同；从历时态而言，道德留下了时代变迁的印记。具体到今天，道德的存在方式已经显著有别于古代、前现代时期。工业文明的推进、城市生活的兴起，根本改变了人们的交往方式和生活状态，进而直接冲击了传统道德，在无数的思想交锋、理论争鸣、价值观更迭之后，道德也告别了传统形式，逐渐获得了现代存在方式。

与传统社会相比，现代社会的第一个特征就是公共生活的大量出现。公共生活的出现是随着血缘氏族群体的瓦解而发展起来的。在人类的早期阶段，人们都生活在大小不等的氏族之中，人是氏族的一分子，氏族不仅控制着人们的全部生活资源，而且为人们抵御外部落和自然灾变提供了超出个人微小力量的强大保护，人与氏族共生共荣。但是，在氏族中生存的所有人都只有共性，没有个性；

只有沿袭不变的传统习惯，却丝毫没有任何自主意志的空间。氏族内无所谓私生活，也无所谓公共生活。在中国古代社会，建立国家之初，氏族内成员间的关系借助宗法制而直接转化成家国政治关系，氏族关系在形成国家之后仍然顽强地保留着，并通过“礼”、“德”等观念而被强化。与此相对，西方早在古希腊罗马时期，就由于工商业的发展和海外贸易、战争等活动的兴盛，氏族之外的横向联系得以确定，原本封闭的氏族成员关系也被纳入到城邦这样的国家形态中，逐渐取代了氏族关系，围绕城邦而产生了种种公共生活，如投票、陪审、选举等活动，形成了西方早期的公民社会。因此，西方的古代社会较早地摆脱了血缘亲疏观念的束缚，在一定人群（如自由民）范围内建立起特定形态的公共生活的内容。当然，真正的大范围的公共生活的出现还是在近代资本主义经济体系建立之后。

现代社会的第二个特征是个体的出现。此处的个体绝不是指生物意义上的个人，而是指具有自我意识和明确行为判断能力的独立个体。这种个体的出现除了经济、政治的因素，还要有哲学的思想启蒙和法律的现实定位。在西方历史上，这样的思想启蒙和法律革新数次出现，因此，公共生活首先在西方得到充分发展也就不足为奇了。例如，古希腊哲学从自然主义经过智者学派的相对主义，达到“希腊三杰”的理性主义的过程，就实现了从对自然的惊异转向对人、人的社会的关心，这同时正是人、个人的发现过程。古罗马完备的法律制度成为人类法律史上的奇迹，它将私法与公法分离，从法律上确立了“人格”，即人作为人最先从家族组织中、后从市民关系中独立出来，获得了个体性的尊严、价值，并使公共生活有了确切尺度。千余年的中世纪曾将个人压制下去，出现了文明的“黑暗时期”，但以文艺复兴和启蒙运动为先导的资本主义文化的开启，个性解放、个人自由等新时代思想又促成了个人意识的觉醒，有血有肉、丰满的人有自信地步入近代资产阶级革命所催生的公共生活。

上述两个特征对道德的现代存在方式产生了直接影响，其后果就是道德不再是一个统一的整体，而是分裂成包括各种职业道德在内的社会道德和以私人交往为主的个体道德两个方面。这样的深刻变化是承受发展了的经济、日益渗透的工业活动以及无处不在的都市化的后果。当传统的共同体被破坏，个体被抛向自由而充满风险的竞争世界时，温情脉脉的道德就只能退居到私人生活领域，具有约束力的整体道德被划入各种职业集团，于是，现代的道德就经常表现为社会道德与私人道德两个不同且相互独立的部分。

社会生活与私人生活在时空上的分离是现代社会的重要特征。在此之前的农业时代或前现代社会，社会组织不仅不发达，而且仅有的社会组织及其活动也与私人及其生活纠缠在一起，如村落、家族等的活动都是以家庭为单位的。在现代社会中，工作是在一个特定的空间和规定的时间内完成的，工作与私生活被明确地分隔开来。黑格尔曾说："在市民社会中，每个人都以自身为目的，其他一切在他看来都是虚无。""个别的人，作为这种国家的市民来说，就是私人，他们都把本身利益作为自己的目的。"在市场经济条件下，由于个人权利的张扬，私人利益和公共利益之间、个人自我保存的权利和人类的道德义务之间显示出深刻的既对立又统一的关系。在私人领域中，个人以"经济人"面目出现，追逐个人利益的最大化，通过不断试错，实现个人的偏好。在与大家或多数人利益相关的公共领域，个人受到职业道德的约束或相关法律的限制不得不以"公共人"身份行动，要顾及他人，修正自己的好恶，以普遍客观性的态度对待一切人，务求本分、尽职，行为表现出谨慎。因此，现代社会人与人关系的实际格局就是：彼此有别，相互独立，只有基于尊重、平等、求同存异，才可望维持彼此受益的状态。

工程技术的发展延长了人的身体，扩大了人的能力，同时也造成了仅靠现有的人力、物力无法缓解的困境，如环境问题、不可再生资源的减少、更多不可预见未来的潜在危险等，这些问题也给人们的既有道德体系提出了挑战。应用伦理的兴起就是应对这一挑战的一种尝试。现代伦理学通常被划分为三大部分：描述伦理学、规范伦理学和应用伦理学。

描述伦理学主要研究和描述人群、文化或社会的道德现状，对不同民族的伦理体系、礼仪、做法、价值观等做出事实认定或比较。描述伦理学为人们相互之间的理解提供了背景知识。这迫使人们意识到，在不同文化传统的人群相遇之际，合乎道德的一个基本做法就是：公平地考虑到一个事件中所涉及的所有相关事实。只有从每一个角度分析了这些事实之后，才能做出具有积极道德性质的决定。

这样做的目的是能客观地对待事件，这就是为什么描述伦理学需要依赖社会学、人类学、心理学、经济学、法律和政治学各种知识来分析的原因。

规范伦理学试图发掘、发展社会中道德体系之基本道德原则或价值，并给予站得住脚的理由。在由描述性方法得到的事实的基础上，规范伦理学尝试做出一个均衡判断。道德规范规定了我们应该做的事情，如不允许杀人、偷窃、撒谎等，这些道德规范大多建立在大众承认的规则基础之上。规范性方法就是试图在既定事实和补救行为之间建立一种逻辑联系。

应用伦理学则是将上述伦理学研究的结论和方法应用于解决特定问题或特定领域。前者又被称为决疑法，借由仔细地应用道德原则以解决困难的道德问题、个案。后者产生了企业伦理学、医学伦理学、工程伦理学、管理伦理学等。正像许多学者所指出的，传统伦理学是强伦理学（它是刚性的，坚持一贯的正确性），它的范畴是“善”；应用伦理学则是弱伦理学（它是柔性的，主张可行性和可操作性），它奉行的基本原则包括不伤害、自主、责任、公正、尊重等多方面。

技术伦理也不例外，它对在技术发明和使用以及相关政策的考量之中涉及的道德价值和人群利益关系进行协调，这样的协调离不开当事人的行事技巧，但更主要的是人们对相关道德价值的追问、对话。

工程技术与道德本来也是密不可分的。历史上第一所授予工程学位的学校是1794年成立的法国巴黎综合工艺学校。在当时，“进入工程学院，就意味着进入可期望的国家工程师体系之内，他们有望最终成为领袖和法国社会的化身”。直至19世纪以前，工程师都隶属于国家，工程师像贵族一样，支撑他们的道德基础就是服从（国家意志）和自律（做臣民的示范），因为那个时候的大工程基本上都是国家所垄断的。19世纪中叶以后，大量民用工程兴起，工程师的培养日益速成化、平民化，工程师开始转型为合伙人或工程总监，对客户负责、维护客户利益成为他们主要的道德原则。20世纪中叶，对战争的反省以及各种社会运动的兴起，工程师的角色经受了时代的洗礼，开始强调广泛的社会责任和公众参与。

二、道德底线的指称及困境

很多时候，一个看似简单、人人皆言的概念却可能是词不达意、众说纷纭的，其实质或真相总是被掩饰在外表的热闹使用之中，“道德底线”概念就是其中一个典型例子。

关于“道德底线”的意义所指，就笔者所阅读和查找到的资料而言，定义和说明式解释有如下几种：“道德底线是人类在漫长的历史发展过程中逐渐积累和形成的一种共同的道德理念。”“道德底线是我们能知而难行的那些道理。”“道德底线虽然是最低要求，但却是伦理道德的起点和根基。”更加严谨的理论证明主要来自著名的伦理学者何怀宏，他提出了“底线伦理”的说法，认为“底线伦理”是一种现代社会的社会伦理，旨在寻求一种基本的道德共识“底线伦理的基本属性和两个特征，亦即：第一，它是一种普遍主义的义务论；第二，它是一种强调基本义务的义务论”。

综合上述各种观点，对于“道德底线”，人们的理解在如下方面是一致的：它是基本的道德要求，如果这些要求都做不到，那就会陷入不道德之中；社会应提倡它，因为它是大家都认可的，与大家的日常生活紧密关联；它与价值多元化、经济利益优先的现代社会相符合，是一种现代社会的道德存在方式。

然而，道德底线并非严格的理论概念，更非合适的道德概念。理由如下：第一，在任何领域，“底线”都不是独立存在的，它一定要依附于某个原则或重大事项。易言之，“底线”总是相对于基本原则或重大事项而言的，而且它采取了以守为攻的方式来维护原则或重大事项。放弃道德原则的重申而仅仅谈道德底线，就等于将道德放置到一个不可再退却的地位，这完全违背了道德的理想性与现实性相统一的属性。第二，即便道德底线存在，那么，它究竟是什么呢？何怀宏认为它是一种基本义务，更多的其他论者则将之归为基本且普遍的道德规范。之所以出现如此大的分歧，根源就在于“道德底线”本身就是一个无法言明的东西，在现有的道德学说中，我们完全有其他更简洁、明了的词汇分别指代上述意义的“道德底线”，使用“道德底线”不仅无益于解决问题，反而增加了解决问题的难度。第三，提出“道德底线”概念背后的思维方式难以服人。许多人或者感于过去“高大全”式的道德义务、道德规范的提倡无法打动人甚至戕害了人的健全心智，转向提倡更“贴近”生活的“道德底线”，还有人则苦于今日频频发生骇人听闻的穷凶极恶事件，认为正是少了这些最基本的道德底线，人们不知所措，需补上这一课。这样的思维方式十分错误，潜台词仍然将道德视为可以解决一切问题的万能钥匙，即从制止极大恶到防范极小恶，无不可以仰仗道德。这是一种变相的道德万能论。其实，在转型期，总会出现一段时期和一定程度的价值观的混乱、颠倒现象，也会产生一定量的违法乱纪的人与事，一方面要看到这些问题的产生有一定的必然性，它们是迈向现代化阶段不得不经受的代价；另一方面，解决这些问题必须是综合治理、多管齐下。让道德唱独角戏，不仅无力，也会令道德出丑。面对极恶、大恶，更有利的制裁手段是法律、政治等具有强制性的手段，而非道德。一般而言，道德只有在相对平稳的社会条件下，在相对一致的事项上才能有效地发挥其影响力。

三、技术伦理可以对道德底线说“不”

工程技术活动是人类所进行的一项最基本的社会实践活动。当今时代，随着工程规模的不断扩大，工程技术含量的不断提升，工程技术活动与经济、社会、政治、生态环境、文化的联系日益密切，工程技术活动正深刻地影响着人类社会结构和人的行为方式，它在给人类社会带来巨大福祉的同时，也把人类推向了一个充满价值挑战与伦理难题的“风险社会”。

20世纪60年代以来，伴随着高新工程技术的快速发展，技术伦理问题纷至沓来，并引发了技术界和哲学界、伦理学界人士的广泛关注，技术伦理作为一门新兴学科应运而生。从思想史上看，法国近代思想家卢梭对现代文明的破坏性提出的告诫就显示了一个冷静的哲学家对不加限制的技术应用可能造成的后果的恐惧。马克思主义经典作家们一方面肯定技术带来的巨大进步和经济成效，同时也对技术滥用和违背自然规律的人类的任意妄为发出了警告。事实上，在现代西方思想界一直存在对技术保持警惕的观点，例如，芒福斯反对西方把人视作工具制造和工具使用的动物的概念，弗洛姆反对渗透在技术系统中的基本原则。他们的思考及其观点都为技术伦理提供了重要的思想资源和价值指引。

工程伦理学的研究任务主要包括以下几个方面：第一是通过对工程决策和实施过程中各阶段面临的价值冲突和道德问题的分析，引发人们对工程活动中伦理问题的关注与思考。第二是对工程过程进行伦理审视，重点探讨在一般工程环节的运作中进行道德审视与约束的内容。并在分析工程伦理原则与一般伦理原则及传统伦理之关系的基础上，着力探究对工程实践中的价值选择具有约束力和共通性的指导原则。第三是在充分总结工程活动的道德要求和工程技术人员道德实践的基础上，提出工程技术人员应具备的伦理素养和道德准则。工程技术伦理更像一个布道者，在唤起工程技术人员充分意识到自身行为的后果并主动承担起相应的责任。若告诉一线的工程技术人员只要“过得去就行”、“达到道德底线即可”，那就无异于让他们放弃道德，逃离责任，因为作为专业人士，他们的底线就是“可允许的误差”，无数的误差累积就是巨大的灾难性后果，“没有误差”在技术上是不可能的，但尽全力而为争取“没有误差”在道德上是可能的，这才是技术伦理所要求的。

大体上说，技术是对科学研究及其成果的运用，技术伦理不仅要探讨这样的运用过程是否合理，而且会针对运用的场合、对象以及程度等做出细致的理性思考，并且确认这些运用是否经得起道德的检验。不难看出，技术伦理只有合乎道德或不合乎道德的判断。作为应用伦理学的一个分支，技术伦理在工程技术领域这一具体场景中虽然要有特殊的、个别的分析方法，但所给出的结论只能是对或错这样明确的回答，却不能做出合一点道德、合基本道德但不合崇高道德之分。换句话说，道德底线在此是完全失效的。

从根源上说，作为人造物，技术是人类智力的显现，它的开端是人类挣脱必然迈向自由的重要方式。然而，现代技术却发生了异化，它超脱创造它的人，正日益成为控制和压迫人的力量。在过去，渔民捕鱼不会对鱼种的繁衍构成任何威胁，农民耕种也不会破坏大地的自修复功能，但现代技术所形成的力量都远远超出了大自然的自循环系统的再生能力，现代技术正在成为大自然的异质性存在，在残酷地斩断大自然与其历史和自身系统的内在联系。因此，技术伦理在充分意识到技术的危险而发出了理性的声音，技术伦理所进行的思考绝不是修补式的或间断性的，而是呼唤价值观念和生活意义的根本转换。此时，谈什么道德底线简直就是南辕北辙了。“在现代技术文明时代，伦理学的对象不再是单一具体的个人行为，而是以因果的方式影响到遥远未来的社会化集体行动。”

现代社会是一个高度分工的社会，每个行业的有序分工及其交换，保证了社会各种需要的满足，同时也维持了现代社会的基本秩序。道德无力解决具有根本对抗性的社会矛盾或冲突，同样，它也不能随意介入其他各个学科或社会意识的领域。道德只针对价值观和生活意义方面的相关问题做出思考和澄清。在道德应当且能够发挥作用的事项和领域，道德就必须全面嵌入，此时，需要的是针对具体问题的、认真而审慎的道德辨思，而不是乡愿式的“道德底线”。

当今高新科学技术的儒学控制

近年来，中国高新技术的发展有领先世界发展潮流的趋势，当代中国的航天技术和高速铁路技术以其自主创新能力之强享誉世界。高新技术的发展一方面为人类带来了福祉，另一方面，也带来了前所未有的灾难。日本海啸所引发的核电站事故和中国高速铁路“7·23”特大事故再一次暴露了当代高新技术强烈分化的双刃剑效应。如何调和这种两极分化现象，更好地让高新科学技术服务于全人类，更好地指引广大高新科技人员对高新科技的开发与应用，已经成为众多专家学者共同探讨的哲学话题和科学攻关议题，成为各国政府所共同关心的时代话题。面向未来中国高科技的发展，如何挖掘传统的儒家文化，为高新科技的发展寻求更好的发展空间，也成为国内学者研讨的时代问题。本文通过对当今高新科学技术的现状分析，试图融入儒学的控制理论，为调和高新科学技术发展轨道的背反现象提供一种学术参照。

一、对高新科学技术实行儒学控制的必要性

从科学求真的角度看，科学不存在好坏，只有真与不真的区别。由于技术与科学的关联性，人们习惯于把各类技术称为科学技术，其实，技术和科学的求真不同，它是求利的。爱因斯坦说：“科学是一种强有力的工具。怎样用它，究竟是给人带来幸福和灾难，完全取决于人自己，而不取决于工具。刀子在人类生活中是有用的，但它也可能用来杀人。”爱因斯坦在这里强调的依然是科学技术。马克思说：“人类奋斗所争取的一切，都同他们的利益有关。”科学求真、技术求利的特点促使科学技术在使用初期就具有明显的利益取向。科学技术的趋利性为其在发展过程中产生负面效应带来一种

可能性，在科学技术发展的初级阶段，这种趋利性带来的危害还不是十分明显，但随着科学技术的逐步发展，这种负面效应随之增大。因为不同的人使用科学技术工具的目的不同，在给人类社会带来福祉的同时，有的会危害一个地区、一个时代乃至一个国家的安全和正常发展，有的则有毁灭全人类的可能性。进入新世纪以来，全世界高新技术的飞速发展已经使得这种“双刃剑”效应愈加明显。

1. 高新科学技术的“双刃剑”效应要求寻求一种控制方式

高新技术具有高知识含量、高情感、高投入、高附加值、高风险、高竞争以及高速度（短周期）等特征。在当代高科技进步发展过程中，发达国家的经济增长大多来自高科技的进步。高科技的发展一方面能最大限度地服务人类，但另一方面，它带给人类的灾难也往往是巨大的。核电站事故和高铁事故的发生为这种灾难提供了注脚。人们在高科技发展的过程中必须寻找一种趋利避害的发展方式，才能使科学技术为人类自身服务。

只要人类还在繁衍生息，就会不断发展，“双刃剑”就将愈加锋利。科技将永续发展，“双刃剑”也不可能收回。正是这种越来越厉害的“双刃剑”效应促使人们产生对高新技术的控制性思考。人类只有学会控制高新技术的发展，才能使高新技术的负面效应最大限度地得到控制。这是伴随高新技术飞速发展的现实问题，无法回避。

2. 人类自身的发展要求对高新科技采取控制

当今世界，人口急剧上升。人类的增多使得世界有限的资源处在过度开发的境地，带来了灾难性后果。一方面，地球上的资源将不足以维护人类未来自身的生存所需，另一方面，人类渴望寻求更好地对现有生活的超越感。这种生活超越感牵引着人们疯狂地寻求高新科学技术的发展，希望通过高新科学技术改善现有的生活状态，并企图通过高新科学技术的发展赢得更广阔的生存发展空间。但遗憾的是，高新科学技术的发展更大范围地加大了对资源的开发和破坏力度，直接地影响了全人类的生存环境。人类以前所未有的危机感关注着自己的生死存亡。近年来，全世界面临着气候逐渐变暖、洪水泛滥、灾害不断的重大考验，科技带给人的实质性利益正被巨大的因高科技直接或间接引发的灾难所吞噬。人类若想要求得自身高质量的生存，就需要摆正高新科学技术的发展位置，既不能过分使用高新科学技术疯狂占有资源“竭泽而渔”，又不能无视高新科学技术为人类带来的巨大效益，止步不前，而是应在二者之间求得一种更好的发展模式。

3. 未知科学技术空间的开拓要求对高新科技持一种谨慎的态度

人类在地球资源逐渐枯竭的尴尬境地中，如果想要寻求未来的生存空间“就必须向地球以外的星球寻求资源，这些探求是前无古人的事业”，而这种前所未有的技术实践同样会造成对地球外空间环境的破坏。

在工业文明的社会结构下，在地球的有限约束下，技术进步不能解决它所产生的种种生态环境问题，比如：垃圾。垃圾问题将超过能源问题，成为未来人类社会最严重的问题。人类解决垃圾问题的唯一出路在于，走出工业文明，寻找一种新的文明模式——生态文明。科学制造垃圾，而解决问题需要科学，怎么办？因此，人类对未来高新技术领域的探索就需要更加审慎的态度。以怎样的控制理念发展高新科学技术，成为摆在人们对未来高新科学技术探索门槛前的关键难题。

二、对高新科学技术控制的可能性探讨

人类对科学技术的使用应是有序控制的过程，人类的自我发展史也是对科学技术有序控制的历史，人类的文明历程就是有效控制科学技术发展的客观结果。如何使高新科学技术这条具有两面性的怪兽驯服为人类的朋友，是需要探讨的难题。事实上，纵观人类的发展史和当今高新技术发展成果，对高新科学技术的控制不仅必要而且具有充分的可能性。

1. 人类的发展史就是对科学技术的控制史

一方面，科学技术活动具有负效应，另一方面，科学技术又具有克服负效应的功能。人类对科学技术的利用，总是在控制与反控制的相互交替中向前发展的，什么时候对科学技术控制得好，什么时候人类的进步与和谐就能获得相对圆满的成果。人类的文明史就是对科学技术的有效控制史，人类的很多灾难也是因对科学技术无效控制所引发的。人类能运用科学技术自身的工具性作用控制科学技术所产生的负面效应，更有自我控制这种负面效应的主观能动性。

高新技术作为一种领先技术带有系统综合性的特点，它的控制性发展为人类生活水准的提升带来了巨大的现实可能性。在高新信息技术引导下，世界变为了地球村；核电站的开发为人类提供了更多电能；高速铁路技术为人们的出行提供了便利，改变了人们的生活方式和工作方式；种植高新技术的开发与运用为人类带来了更好的食物选择。高新技术的发展给予人类前所未有的物质享受和精神享受，人类所享用的是高新技术得到有效控制后的完美结果。然而，真理向前一步就往往成为谬误，高新科学技术的发展也给人类带来形形色色的灾难性危险和社会伦理问题，如核泄漏、安全事故、基因、克隆问题、环境污染等等。人类要想求得和谐、平静的生活环境，要想获得可持续发展的生存空间，就必须对高新科技加以控制性利用。得到有效控制的高新技术才真正是人类的朋友。

2. 高新技术的控制随着时代的发展而发展

任何控制技术都不可能一蹴而就。对高新技术自身的发展而言，随着时间段的不同，在此刻为高新技术的东西，在彼时就会落伍。即使同一个高新技术，在不同的国度和地区，也会呈现不同的特点。高新科学技术在发展过程中的时点效应为我们对其进行有效控制制造了障碍。任何企图用一种固定方式解决所有问题的控制技术，最后的结局都可能带来失败的命运。高新科学技术的控制更趋向于一种非量化的模糊数学的控制方式，是考虑科学技术内在发展规律和外在环境制约因素影响下的综合控制技术的运用过程。这种控制会随着高新科学技术越发复杂的发展而变得更加繁复和庞杂。高新科学技术的控制需要的首先是一种方法论指导，而非一个模式的数量化控制方式。人类既要克服人类中心主义所强化的趋利性所带来的短视弊端，又要克服高科技负面效应所带来的无法驾驭它的恐惧感，充分运用现有的高新科学技术理论控制高新科学技术的发展，并充分考虑科学技术发展的外在环境客观影响。在系统理论指导下，寻求高新科学技术自我控制系统以外的控制方式，已经成为当今控制高新科学技术发展的有效模式。

当今世界，人类为了满足自身需要，开展了向地球上未知领域和宇宙空间的探索。所有这些探索都是在人类不断积累经验的基础上开始的。历史证明，类似这种探索，如果采用非科学的手段，自以为是地进行，那么所招致的就不仅仅是失败，还可能带来生态环境的恶化。人类在探索未知世界的领域中需要重新调整科学理念和探索机制。这不是一个简单的高新科学技术的自身发展问题，更牵扯高新技术发展对人类整体生态圈的影响，牵扯宇宙空间的开发与利用，牵扯人类对其他星球的开发和利用的快慢问题。高科技在这些全新领域的开拓与发展为人类提出了更高的目标要求，也为人类对高新技术控制难题的解决提出了多元化思维的可能性。

三、对高新科学技术的儒学控制

任何一个国家高新科学技术的发展都会被一定的科技政策和相应法规所引导。任何一项高新科学技术的发展都离不开科技工作者的研发与操纵。这些科技政策、法规和科技行为都涵有不同的价值观念和利益导向。实际上，科学技术的“双刃剑”效应往往是由人的“双向性”思想所造成的。正是在这个意义上，笔者认为，中国儒学的中庸、人本、仁爱、入世等思想可以为中国科技政策和法规的制定提供方法论参照，为高新科技工作者的自我完善提供一种理论工具。

1. 儒学科技政策和法规制定的宏观指导性

儒学的中庸思想不是简单的固守理论，它强调了世间万物的和谐与共荣。科技政策和法规的制定应充分考虑儒学的这种和谐中庸思想，保证高新科学技术的平衡发展。

儒家中庸思想强调和合，和合学讲究人与自然、人与社会、人与人、人的心灵、不同文明之间的冲突和融合。认为只有在冲突融合的动态过程中，才能生成新事物、新生命，这就是“和实生物”。儒家的和合思想体现了世界的整体和谐性，在整体和谐的原则指导下，人类科技政策的制定就要充分考虑人和自然的关系，不是过度开发，而是有效利用；不是不顾一切，而是兼顾各方；不是仅凭技术，而是要在技术政策的制定上体现多元文化交融的特点，展示自然科学与社会科学成果融通的过程，体现人类由人类中心主义向维护自然生态伦理的转化过程。

2. 儒学对科技工作者的道德约束性

儒家传统思想的基本精神是大力弘扬人的道德意识、责任意识。

儒家思想对于端正人心、树立良好风气是有积极意义的。高新科学技术工作者首先是掌握了高新科学技术理论的工作者，他们直接促成高新科学技术的研发和使用，他们的思想实际上直接引导着高新科学技术的使用。具有什么样的科学价值观，就会促成他们追求什么样的高新技术的发展方向。

“君子”是孔子的人格理想，君子以行仁、行义为己任。君子也尚勇，但尚勇的前提必须是仁义，是事业的正当性。君子处事要恰到好处，要做到中庸，人并非天生就是君子，要成为君子必须加强自身修养，现代社会需要新型的君子。如果每一个高新科学技术工作者都能从关注人类共同命运的高度出发，舍弃小团体的利益，以创造人类的共同福祉为己任，那么他就会自觉地利用高新科学技术为人类谋取更大的利益，而不是毁灭人类自身；就会恪守“中庸”，使各类高新科学技术避免不加节制地开发和使用。

3. 儒学在高新科学技术发展中调和社会矛盾（维护生态伦理的可能性）

儒学是安身立命之学，更是企业求稳发展之学，也是国家求新和合之学，更是世界秩序和谐之学。儒学的秩序观念、中庸思想有利于调和社会矛盾，运用儒学理论修身养性的科技工作者对内能达到良好的自修与成才，对外能更好地与社会环境和谐共处。对于从事高新科技开发的科技共同体而言，把每个个体高新技术工作者的修为集结起来，就会形成一种集体意义上的道德力量，这种力量能驱使高新科学技术沿着符合人类共同愿望的良性轨道前进。张立文先生认为，儒家倡导和生原理，强调对生命的尊重。和处原理，强调人与自然和谐相处。人有生命，自然也有生命，自然界也有生命，即使石头也有生命感。所以儒家讲和而不同，虽有不同，但可以和平相处，不是走向你死我活。和立原理，孔子讲己欲立而立人，自己站起来，成功地立住，也要希望别人能站得起、立得住。和达原理，达，通达的意思，“己欲达而达人”，自己发展了，发达了，也要别人发展，发达。和爱原理，爱是一切的基础，和爱是和合的基础，因爱而成就世界，大爱无疆。儒学的这种思想关乎人与人的交往。作为高新科学技术界的科技人员，是以经营自居，还是富有平民心态？是尊重自然、敬畏生命，还是高举人类中心主义大旗，无视生态文明的构建？是自觉将科研活动融入整个人类的科学进程之中，还是只为满足于团体乃至个人的狭小利益？这都是衡量一个高新科学技术工作者和一个科学共同体的行为与全人类共同道德律令是否相谐和的重要标尺。儒学作为一种文化元素和道德评判体系，为人类追求幸福的未来生存空间提供了一种巨大的文化参照系和行为控制模式，更为高新科学技术的发展提供了考核维度，因而可以成为调和当今高新技术发展中的社会矛盾、确保生态环境优化的思想工具。

4. 儒学控制在高新科学技术发展中的印证

京沪高铁建设作为中国高新科学技术发展的范例，印证了儒家文化思想在高新科学技术领域的实践意义。在京沪高铁 1318 公里的线路建设过程中，德州—徐州段的文物调查工作由于工作安排得超前、到位，为后期施工排除了很多障碍。京沪高铁在南京长江大桥的先期施工安排，充分体现了人对自然环境的尊重，为自然生态的保护做出了贡献。沿线采取混凝土高架桥墩建设，充分为当地居民提供出行通道和采光、通风的便利，这种设计不仅深受工程牵连村镇农民的欢迎，也为保证当地动物生态总体平衡做出了贡献。京沪高铁在建设过程中，充分调动沿线政府和农民的力量，在施工用地上，采用永久性和临时性相结合的方式建设制梁场，取土场采用废弃山地作为路基和站场填充料，赢得了沿线民众的支持，使得这一高新技术的使用没有对沿线生态构成大的威胁。高速铁路行车事故的发生，说明高新科技技术运用的不成熟和高铁信号设计技术人员的责任缺失和管理人员的工作失误，也可说是儒学所倡导的人性有所缺失而引发的不良后果。

科普的力量

在一次作家聚会时，我特意找到叶永烈先生合了个影。在我的童年时代，是叶先生的科普著作《小灵通漫游未来》，让我的生活充满幻想。那是一本十分不错的书，很多当时在书里堪称幻想的东西如今已成了现实。作为一位科学哲学工作者，我看到今天的科普工作正日益成为小范围甚至只成为圈子内的事情，这不能不说是这个时代的悲哀。

互联网时代的到来，让人们关注各类信息成为可能。对众多的中学生而言，沉重的求学压力已经压得他们气喘吁吁，自由想象的空间越来越少。这个时代是书的海洋、信息的海洋。但稍微观察一下，即使在拥有一定数量科技场馆的大城市，孩子们对科技的热衷度也是不高。一个孩子成了电脑控，但很少去关心电脑背后的原理；一个中学生常玩微信，但他却对微信的前因后果一无所知；很多农村的中学生，可能热衷于乡间的传闻、社会上的腐败热点、某一项国际争端，而对当前的科技知识知之甚少。我不知道这是时代的无奈还是民族的退化。我在参加科学论坛时，几次呼吁科学家们要重视科普工作，而我看到科普如今却很难走到民间。虽然一些科学网站访问量看上去不少，但大多数访问者仍是以科技为业的人。当公众义愤填膺地指责高铁事故给国人带来的伤害时，却没有多少人真正知道高铁的操控系统是怎么回事。

科学技术发展到今天，体系庞大了，从业者增多了，和公众之间的距离却越来越远了。为什么？如果我们仔细探寻下去，就会发现科普的缺失。

科普是一种力量。这种力量首先来自于人们对科学技术的到位认识。我们今天自然可以笑话最初引进电脑时把它放置在装有地毯、空调的房间里的做法是多么虚张声势，但我们对类似的科技知识的掌握直到今天也是一直游离在科技之外。对航天等尖端技术不用说，即使对我们身边的高铁、汽车等高新技术，也仅仅限于一种实用主义的了解程度。一方面公众认为知道多少科技知识没多少价值，另一方面了解这些知识缺少必要的渠道。公众对市井传说网上绯闻的关注度，远远大于科技本身，一方面是自身没有对科技了解的强烈愿望，另一方面缺少那种激发公众关注科技的外在环境。

如果说昔日的一本《小灵通漫游未来》，打开了我的想象之门，那今天的互联网信息则成了铺天盖地的信息爆炸。然而在这样信息爆炸的时代，在各路媒体上科技方面的报道却退之一隅。科普在一些大城市，还有专门的机构负责，尚有一些场馆可以作为承载科普宣传的平台，有些科学家还保留着传统的敬业精神做着这方面的工作，在这些大城市生存的儿童，也许是幸运的，但他们一年也难得有多少时间去观看科普展览，去倾听科学家生动的演讲，去思考我们国家科技的未来。而对一些小县城乃至农村的儿童而言，科普则成了一种奢侈品。对一些科协单位而言，政府投资甚少，科普成了细枝末节的工作，很多地方领导认为科普是出力不讨好的。科技界的评价体制引导科学家关注重大项目的进展，很少有人再像老一辈科学家那样关心面向青少年的科普工作了，演讲少，出书更少，更别说对科普工作的主动推进了。科普公益讲座在一些中等城市几乎没有，久而久之，科普严重缺乏的局面将在全国成为十分鲜明的共性问题。

目前我国经济保持着持续增长的态势，一个国家要想获得持久的发展，没有响当当的科技作支撑，就会缺少坚挺的后劲，缺少在国际舞台上的核心竞争力。而科技的发展需要漫长的积淀，需要全社会的关注，更需要公众的热爱。要想培养一代又一代年轻人投入科学技术的创新工作中，就需要在他们的青少年时期培养他们对科学技术的兴趣与爱好，而科普无疑是完成这一重大使命不可缺少的环节。

一个缺少科技竞争力的民族是坚强不起来的，而一个忽视科普工作的国家就等于没有打牢科技发展的基石。我们呼吁更多的科技工作者来关注科普工作，就各自分管的科技工作向公众做普及性教育，出书、演讲；对政府而言，我们期待能建设更多的科普场馆，组织更加丰富多彩的科普活动，营造更加浓厚的科普氛围；对学校而言，将科普纳入国民教育体系之中，让学子们有机会接触到更新、更高、更强的科学技术和知识，让他们展开翱翔的翅膀，向尖端科技进军。

科普的繁荣赢得的不仅仅是全民科学素养的提高，更在于唤醒一代代的青少年，他们在未来将成为我国科技发展的推动力量。

第四篇　企业文化

企业社会责任相关概念的理论辨析

在经济有了长足的发展之后，人们对经济发展的期望边际效用就会递减，相反，对生活质量则有了更高的追求，相应地，社会的总体价值目标和各价值的权重也会由此出现重大调整。与此同时，人们对一些经济活动（特别是工业产品）的副作用如对环境的消极影响，开始有了更多的认识，并且变得更加在意和敏感。加之企业集团的跨国发展形成了巨大的工业组织，企业的影响力达到了前所未有的水平，这也引起了人们的高度警觉。对企业活动及其利益进行必要的限制或约束的声音日益占据上风。这些即是企业社会责任兴起的社会背景和舆论氛围。当企业社会责任成为一场声势浩大的运动时，我们就需要保持高度的理论冷静，应当对企业社会责任概念及相关的学术争论做出有说服力的分析，从而为企业社会责任的发展提供有益的理论指导，要全面理解企业社会责任，就必须对相关概念做出梳理。

一、企业与公司的异同

由于相关思想资源的多重性，迄今为止人们并未取得关于何谓企业社会责任的一致定义。不同机构、集团、研究者都是基于各自的立场或所面对的问题而分别强调了企业社会责任的某些方面的内容。例如，谢尔登对企业社会责任的解释是：企业不能仅仅以获取利润为唯一目的，还应照顾包括雇员、消费者、债权人、社区、环境、社会弱势群体及整个社会的利益。欧盟对企业社会责任的官方定义是："企业在自愿的基础上，将对社会和环境的关注融入其商业运作以及企业与其利益相关方的相互关系中。"瑞士达沃斯经济论坛对企业社会责任的描述是：做一个有道德标准，遵守法律和国际准则，反对腐败的企业；做一个对人负责，实施员工发展计划，反对歧视和不公平的企业；做一个保护环境，使用清洁能源，应对气候变化的企业；做一个对社会有贡献的企业。难以取得共同定义的难题是，对企业社会责任的主体的理解以及这样的主体具有怎样的属性设定，人们仍然存在较大的分歧。在英语中，表达“企业”、“公司”的词汇有多个，如company，firm，corporation，business，enterprise等，这也从一个侧面反映出西方发达的商业文化和经济活动这一基本事实。

Company是“公司”一词的经典表达方式，指制造或出售商品和服务的商业组织。在法律上，“公司”通常被区分为“有限公司”、“公共公司”、“母公司”等类型。Firm通常指小公司。Corporation则主要指大公司，也指共同行动的公司联盟或公司集团。Business的词义最广，并不特指公司或企业，而是泛指一切商业性组织，如商店、商行、工厂、营业所，甚至也指生意、营业额、职业、任务等。Enterprise泛指公司，商业组织，它还有一层意思，是指创办和经营商业组织的活动。

“企业社会责任”的英语表达是corporate social responsibility，缩写为CSR。Corporate是corporation的形容词形式，意思是“公司的”、“法人的”、“全体的”。从上文词义的梳理不难看出，CSR强调的是大企业的企业社会责任，而非一般公司，是公司整体而非公司局部或某个人的责任。忽视这些概念的关键内容，常常是造成概念误解或误用的根源。在汉语中，“公司”、“企业”都是外来语，而且日常语言中并未严格区分这两个词，这容易混淆一些重要的区别，例如，“企业社会责任”应准确翻译为“公司社会责任”，因为现代意义的社会责任主体是“公司”，而非企业。下面我们对“企业”与“公司”两个概念作一细致说明。企业起源问题既是一个逻辑问题，又是一个历史问题。比较公认的说法来源于科斯的企业理论，即交易费用的存在导致了企业的出现，也正是由于企业内部交易成本较之市场外部交易成本的低廉，最终导致了“企业”这一市场主体的广泛出现。

公司是企业主体中非常特殊、非常重要的一种。一方面，公司的出现促进了资本的迅速集中，有利于社会再生产能力的提升；另一方面，公司的出现还吸引了社会资源的广泛参与，它在推动经济发展的过程中将各种分散的力量有机地结合起来。现代公司作为一种人造物，具有法律认可的完整且独立的人格（即法人），因此，公司并非器具或物件，而是不同的利益主体依照契约关系，根据经济利益最大化的目标所自愿组成的经济共同体，简言之，它是基于人类理性建构的客观组织体（与自然人相对且并存，现代公司最为重要的特征在于其显性契约关系以及由此衍生出来的法人治理结构）。现代公司的两个关键制度设置是：法人制度和有限责任，它们成为公司的两个最基本制度，正是这两个制度平衡了个人的自由与公司的发展，在提供充足的个人动力基础上为公司发展解除了后顾之忧。

企业与企业的竞争固然需要约束，发展到公司阶段之后，需要约束的就不仅是企业本身，还包括投资人等社会利益主体，由此形成了一系列复杂的利益关系，这些关系已经超越了单纯的产权范畴，即导致了一组合约，这就是公司的本质。公司与传统的商业组织相比，有三点不同：一是责任形式不同，公司均为有限责任形式，而独资，合伙企业则可能是无限责任；　二是股权转让不同，各类公司的股权大都可以自由转让，而合伙企业的股权转让则要受到较大限制；　三是治理结构不同，公司具有与自然人相分离的独立的法人地位，而在独资、合伙企业中则可以有较多的自然人因素。公司的核心要素是企业家，或者更准确地说是企业家精神，它是一种十分稀缺的资源。经济学大师约瑟夫·熊彼特认为，经济发展的原动力就是企业家和由他们进行的创新。简单的生产规模的扩大只能维持现有的生活水平，生活水平的提升和生活方式的改进必须依靠技术创新，但新技术效率一般而言是低下的。

企业家的本质在于依靠战略判断和冒险精神去迎接经营的风险，企业家的冒险和创新是市场经济的内在要求。但是，冒险和创新都是高风险的活动，而且在没有得到切实的收益之前，没有人能够百分之百地断定某项冒险或创新有多大的成功概率，所以就要给企业家以足够的自主权和活动空间去试错，并且为他们提供充分的激励诱因，与此同时社会也要忍受一些商业冒险对既有秩序破坏之风险。只有这样，企业才能迅速发展，整个国民经济才能稳步前进。

推动“企业社会责任”深入人心的是“企业社会责任运动”。全面的企业社会责任运动，大抵兴起于 20 世纪 70 年代。20 世纪中叶以后，当经济有了相当程度的发展，其所产生的副作用也日益突出，如环境污染、对不可再生资源的耗竭、消费主义生活方式的危害、各种高新技术的潜在危险等都引起了人们的深切担忧。企业社会责任运动的宗旨是，赋予市场经济以人道主义，强调企业在赚取利润的同时，还要承担对环境和利益相关者的责任。要求经济活动主体——企业承担更广泛范围的社会责任的呼声一浪高过一浪。发达国家的政府对此也有积极的反馈，例如美国联邦政府在 20 世纪 70 年代先后成立了环境保护局、消费者产品安全委员会、平等雇佣机会委员会等政府专门机构，以督促相关议题的解决，同时也强化了政府对经济活动乃至企业内部事务的监管。

二、责任的概念

在说到企业社会责任时，“责任”概念相比“企业”概念分歧更大，主要的分歧点在于责任的主体性质和责任实现方式。在英语中，与“责任”相关的词汇包括 obligation，responsibility，accountability，liability 以 及 responsiveness 等。从语义上看，Obligation 具有明确的道德含义，主要指基于道德理由而有义务去做的事情； Liability 则具有强烈的法律含义，指基于法律规定而实施的行为，特别是针对支付钱物以及伤害补偿方面而言； Accountability 是从应当承担的后果角度来确认当事人的责任，准确的翻译是“课责”。Responsiveness 指积极、快速地做出反应以回应对方的要求，它强调的是当事人的自主态度； Responsibility 的含义最为广泛，指基于对某人或某物的权力而有义务做出决定或承担相应的行动后果，它既包括因道德或社会理由而应当做出的行为，也包括对某一发生了的不良行为承担后果。

现代社会的“责任”概念的思想内容主要来自马克斯·韦伯的观念。他在《作为安身立命的职业的政治》的演讲中，提出了意图伦理与责任伦理两个概念：“一切有伦理取向的行为，都可以受两种准则中的一个支配，这两种准则有着本质的不同，并且势不两立。指导行为的准则，可以是信念伦理，也可以是责任伦理。这并不是说，信念伦理等于不负责任，或责任伦理就等于毫无信念的机会主义。”他解释道，意图伦理只顾及动机的纯粹性，容不得道德价值的任何暧昧性，但不顾及行动后果； 责任伦理则认为世界上不存在十全十美的人与事，只能做在条件许可前提下的事，要讲究现实的效果。韦伯通过这样的区分，指出传统道德或政治领域就是以意图伦理为重的，但现代生活道德以及行政领域则要以责任伦理为主。韦伯突出强调在现代科层制下责任的归属，课责和对所规定任务的履行等方面的内容。

“企业社会责任”的具体内容不是来自企业家或高级管理者个人的主观意愿，而是具有社会客观规定性的“当为”。这样的“当为”只能由企业承担是因为企业所占据的位置和社会影响力，即依据权责相称的公平理念，企业要相应地承担起只有它才能承担的责任。此外，如何评价这样的责任被履行了，所考察的重心是企业所付诸的行为，所实际做出的决策及其后果。企业这一经济实体无法表达良心、信念之类抽象的观念，对企业社会责任的要求就主要借助立法、行政监督、行业评议、公众舆论等手段进行。这也是发达国家为何不惜牺牲部分自由主义原则也要坚持加强立法、司法判案和行政监督以推动企业社会责任的深层原因。

从最一般的意义上说，企业社会责任是指企业作为一种社会组织所应尽的社会责任，它是企业在市场经营过程中的经营决策和全部企业行为对包括企业在内的社会所负有的责任。从课责层面上说，企业社会责任就是企业组织最大化其对社会的积极影响，同时最小化其负面影响的责任。因此，企业社会责任也经常表述为企业与社会的关系，其问题的核心在于企业所拥有的支配权或影响力的正当性及其根据是什么。人们相信权责对等这一朴素的公平原理，主张那些不能行使对社会负责任的权力持有者，或权责分离的权力持有者不应该长久占有权力。企业必须承担对社会的更多、更大责任，才能安享其对资源、人才、财富的占用。从这一意义上说，企业社会责任中的“责任”表达的是，基于社会理由而应当做出的行为，并非个体的道德自律或意志自由的选择，所以不能将企业社会责任等同于企业家社会责任或管理者社会责任。

三、企业社会责任的近似概念

由于社会结构和工业传统的差异，至今各国所开展的企业社会责任运动形成了各具特色的模式。有研究发现，北美公司在承担社会责任时更强调企业战略，而欧洲公司更强调行动标准；在具体行动上，北美公司又比较重视慈善捐赠，欧洲公司则侧重环境保护。与上述两者不同，日韩公司则在安全生产方面下了很大功夫。就与中国企业比较而言，也有人注意到，中国和西方公司都非常看重“经济责任”、“法律责任”、“环境保护”、“客户导向”、“以人为本”和“公共事业”。两者不同之处在于，中国人所讲的企业社会责任中还包括了“提供就业”、“商业道德”、“社会稳定和进步”，而西方人则十分看重“股东权益”和“平等”的内容。国内的商道纵横网站曾经发布过一份题为“价值发现之旅”的研究报告。其中指出，中国企业有两个方面的社会责任做得非常出色，一个是人力资源管理，包括员工培训、企业文化等，另一个就是公益慈善活动。2008 年中国企业因对地震灾区的慷慨捐赠而被称为中国企业“社会责任元年”，中国不少企业在贯彻企业社会责任方面取得了后来者居上的佳绩。

与“企业社会责任”（corporate social responsibility ，CSR）类似的词汇还有很多：corporate citizenship，corporate social philanthropy，social responsiveness，social action，public service 等。

有学者认为，“企业公民”(corporate citizenship) 是一种状态，达到特定的合理水平之后的持续状态，而且要有经济财力、制度措施等方面的保障。2002 年，世界上 51 个最大的经济体都是大公司。这些大公司的规模和力量已经产生了无法忽视的影响，引起人们对“企业公民”身份的关注。与企业社会责任还有部分的社会要求不同，“企业公民”主要是企业自主决定而采取的行动或设置的价值目标。“企业公民”的核心内容通常指企业运作的方式，包括企业的基本商业模式，企业经营对利益相关者、社会和自然的可能影响，等等。

关于“社会回应”(SR，social responsibility，social responsiveness)与“公司慈善”（CSP，corporate social philanthropy）的关系，多数学者主张，今日的企业慈善概念已经被看作企业社会责任的一部分。此外，人们对“慈善”的理解也有了很大的变化。以前，由于慈善来源于对人类的爱这样的利他主义，所以，“慈善”是纯粹利他，不图利的，但企业作为主体进行的慈善活动却可以包括互利、双赢的方面。

Sethi (S. Prakash Sethi， 1975) 曾区分了企业社会义务 (social

obligation）和企业社会回应性（social responsiveness）。他说，社会义务是企业对市场力量或法律限制的回应，义务标准仅仅来自经济和法律，社会义务本质上是属于禁止性的；社会回应则将企业行为带入到更高的水平以与通行的社会规范、价值和社会期望相符合，它属于规定性的。企业对社会需要的适应，体现了企业与社会的积极互动。与早期企业家的慈善活动不同，企业社会责任的依据不在于个人、企业家或经理的善良意图或德性，而是基于“社会意识”（social consciousness）主张的是企业活动过程应贯彻社会责任考量，意指商人要对他们的行为后果在超出利润——成本平衡（profit-and-loss statements）之外承担责任。他们是从社会关系而非个人品质层面来理解企业管理者的工作的。“企业社会责任”不是从企业家个人出发，而是注重企业整体或企业本身所具有的社会责任。企业家，无论是企业所有者，还是主要经营者，由于自身的社会地位以及长久的社会观念影响，他们个人具有的社会责任是经常关注社会或参与社会公益事务等活动。然而，将企业作为整体，强调这样的整体成为“社会责任”的主体却是崭新的观念，它的产生相对较晚。

企业社会责任自产生以来，不仅自身一直在不断扩展和深化，而且也一直处于争议的漩涡中。激烈的反对者，如新自由主义经济学家弗里德曼甚至将企业社会责任看作是对自由资本主义制度的颠覆，企业将利润用于经济目的之外的社会事务是对股东利益的侵害，最终也会提高消费者的成本。温和的反对者，如波特主张不必放下企业的专长，更不必特意去做正常企业事务之外的社会责任，而应通过企业战略规划将企业社会责任融入其中。这看似把社会责任贯彻到企业活动整体，但其实是消解企业社会责任，因为它拒绝外部力量对企业的介入。这些反对意见其实也间接推动了企业社会责任的发展。上文提到的“企业公民”、“社会回应”、“企业慈善”等都是与企业社会责任相关且相互促进的。不过，这些对企业社会责任的质疑和修正，也暴露了企业社会责任概念的种种缺陷，例如，边界模糊、内容庞杂、非理性因素的渗透、政府干预的风险等等。我们应谨慎对待围绕企业社会责任而产生的问题，不可一味地拔高对企业社会责任的要求，更不可一刀切式地推行企业社会责任。

国企实施工资协商制度的途径与程序探讨

国有企业发展到今天，要想获得强势地位，不仅仅依靠国家雄厚的资金扶持、强大的历史积淀和人才库建设，更重要的要发挥好工资分配这个杠杆的作用，靠有效的工资分配来撬动企业发展的车轮。

当下，国有企业的发展正经受着各种考验，而工资分配模式作为企业发展中企业高级管理层和员工共同关心的问题，正越来越成为大家瞩目的焦点。正视当下工资分配方式的不足和弊端，对于我们及时调整工资分配模式、优化企业内部资源、充分调动企业员工的工作积极性、更好地促进企业科学合理的发展，具有十分重要的现实意义。

进入国际竞争行当的国有企业要想获得更迅速的发展，必须遵循市场竞争规律。要在经营模式上，认真研究国际上同类先进企业的经营理念，及时调整经营手段；在形式上，要打市场牌，而不是偏重形式牌；要有脚踏实地的奋斗精神，去除各种不利于调动员工积极性的陈旧制度。国有企业悠久的历史一方面为企业文化带来深厚的意蕴，另一方面固守的力量很可能将创新管理的活力扼杀在摇篮中。在当下的企业经营模态中，单纯靠量化的考核认定，依据同类员工统一工资模式的僵化分配模式，所带来的注定是企业的自损和止步。在这种情况下，进行工资分配制度的改革与调整，是市场经济规律的内在要求之体现。

国有企业实施工资协商制度的好处在于以下几点：

1. 工资协商制度有利于促进国有企业民主化管理的进程

历史上的分配制度大多是人力资源部门制定政策，然后经职代会通过，基层员工尽管对工资分配有想法也很少言语。这种一刀切分配制度无疑忽视了员工参与分配制度制定的差异性，缺乏广泛的民主成分；工资协商制度的实施，一方面可以破除层级之间、内外之间厚此薄彼的非民主化分配模式，另一方面通过员工整体性参与，工会的积极组织，无疑会使国有企业经营管理民主化进程加快。工资协商制度有了工会与企业、员工与管理者的良性互动，使得企业获得更好的民主气氛，为营造企业民主文化奠定了基础。

2. 工资协商制度有利于企业的动态管理

工资协商制度破除了历史上工资的条框制，使得工资协商能更好地适应企业不同阶段的经营状况，使工资分配呈现动态管理模式，避免与企业经营状态的严重背离。协商性的工资分配机制能促使劳动关系双方更好地根据企业发展状况、员工工作状况、员工工作环境、员工的智力贡献和潜在品质，通过对员工进行一段时间内定性或定量考核，分阶段支付员工不同的薪酬。

3. 工资协商制度有利于调动每一位员工的工作积极性

员工获取企业的正当报酬是保证员工回馈企业的基础。工资协商制度为同一岗位性质的员工获得不同的收入提供了协商的可能性，而这种协商达成一致的标准来自于对工作质量和数量的认定。可以更好地打破过去那种只要岗位一样，收入就会相同的消极分配模式。工资协商制度暗含了对高质量勤奋工作的员工的一种鼓励和肯定，无疑会激发员工的工作热情。

4. 工资协商制度有利于企业适应市场的发展需要

工资协商制度是企业发展的调节器。企业可以根据经营效果的好坏及时调节工资的幅度，可以加大关键控制环节的工资投入，保证关键程序的实施；可以保证重点科技人员的工资投入，激发他们的创新活力。工资协商的调节功能可以促使企业根据外界市场的瞬息变化，调节资金链条，保证企业以丰补歉，合理使用调配资金，适应外在市场的各类变化，提高企业的应对能力；根据市场所调节的工资状态，也能更好地稳住内部人才，吸引外部人才，筑牢人才平台。

国有企业的工资协商制度不能走一蹴而就的发展模式，而应该采取循序渐进的发展模式。在程序上，应该注重把握以下几点：

（1）工资协商制度适合于工作起伏相对较大的不同企业的不同阶段。工资协商制度更适合一切具有大开大合经营性质的企业中。

这些企业受市场干扰大，管理阶段分化明显，盈亏效果显现到位。工资协商制度能适应这些企业不同阶段的要求，要根据各个企业不同管理阶段的特点，促进工资协商制度的实行，不可一刀切。

（2）工资协商制度要解放思想，破除传统工资制度的模式束缚。工资协商制度是一种新型工资分配制度，内容核心落脚在工资上，表现形式为劳动关系双方的协商，内容涵盖了工资分配的程序、内容和考核机制。人力资源考核部门和工会组织在进行工资协商时，很容易滑入惯性思维模式，肤浅协商，沿袭老路，那就失去了工资协商的根本意义。工资协商制度应遵循市场原则、效益原则、竞争原则、潜在发展原则、人才储备原则等进行全方位的权衡；工资分配制度既要考虑全面，又要突出重点；协商内容既要看到现实成绩，又要考虑历史贡献和长远发展。

（3）工资协商制度代表工人利益的主体是同级工会组织。企业经营管理者一方面行使管理国有企业的权利，另一方面必须接受同级工会组织的监督和协商。工会组织作为员工的代言人，应充分考虑员工的切身利益和具体贡献，遵循工资分配原则，妥善为员工或员工群体提供反映员工工资分配愿望的切实方案。

（4）工资协商制度应作为长期工资分配模式要逐步予以推广，并逐渐使其完善成一种科学的分配模式，并注重融进更多的科学手段和方法。工资协商分配模式是符合企业现阶段发展规律的分配模式，这种模式的推广可以更好地改变劳资双方的关系，促进二者的和谐共赢。国有企业需要在不断的协商中完善工资分配制度，并运用统计学的方法，借鉴现代办公设备等手段，更加科学合理地把工资协商与员工的日常考核紧密结合起来进行。

（5）工资协商制度要与企业的发展现状相结合，不可盲目攀比和套用。工资协商制度应针对企业不同的发展时期展开，不可盲目实行。可以在民主气氛好、员工普遍理解、认可工资协商这种模式的单位先行实行；杜绝不顾自身特点，直接套用相邻或相关企业的偏激做法。

用以人为本观念指导企业文化建设

改革开放以来，通过强化改制和普及科学管理知识，经历了市场洗礼和制度变迁的一部分国企生存了下来。这些国企不仅具有良好的产业基础、技术条件和人员素质，而且因它们关系国计民生而得到了各级政府的大力扶持，有着得天独厚的外部环境。这就可能导致一部分国企及其领导人产生疏忽心理而陷入道德风险之中。如何在新形势下，既保证国企创造利润的活力，又迫使国企承担对国家、对公众的社会责任，就成为一个必须正视的难题。我们认为，用以人为本观念推进国企企业文化建设，不失为一个良策。

企业文化作为企业管理模式之要素而被提出时，其根本的划时代意义就在于确定了人的地位，以此视角重新审视人的价值与企业之间的关系。中国企业，特别是国企一直有对企业中文化因素的强调和企业活动过程中人员因素的重视的传统，但以往所看到的文化因素主要是政治意识形态的内容，而对心理情感的内容相对忽视，另外，以前重视的人员因素大多是典型人物，如劳动模范、先进工作者等少数出类拔萃的人，但对第一线的普通员工的关注仍显不足。企业文化就要弥补上述不足，强调在全体人员间、在外部企业事务中贯彻共有的价值观，培育上下一致的行为方式和基本共识，从而形成企业内良好的精神风貌。

一、以人为本是企业文化的核心

培育以人为本的企业文化，将深刻改变企业内人员的行为方式和思想观念，例如员工对待产品的态度。企业要想保持较高的产品质量，就需要将追求高品质的产品和信得过的质量意识变成全体员工的习惯，这样的习惯形成一方面是靠严谨的操作要求、有效的监控手段，另一方面是靠员工对这些要求和目标的内在认同。这就意味着：要想产生优质的产品，就必须首先造出与之相适应的优质的员工。优质的员工才会有较强的品质意识，也就能够制造、生产出高质量的产品，正所谓“产品即人品”。

员工与客户的关系也是如此。只有满意的员工才会有满意的客户，因为直接面对客户的主体是第一线的广大员工。如果企业不能先让自己的员工满意，就不可能做到让客户满意。员工的合理要求得到满足，有助于增强员工对企业的向心力和忠诚态度，并提高员工的主人翁精神。他们就会更加重视自己的职业道德，处处为树立企业形象、提高企业声誉而努力。

在企业内部，各级管理者应明确认识到员工与企业是一对利益共同体。企业只有在具备优良员工的基础上才能生存，也只有依靠才华出众的员工才能得以不断发展，并因此获得经济回报和社会效应。这就需要企业提供优良的环境和良好的人际氛围，不仅对现有的员工和外来的人员产生吸引力，而且为所有的员工提供施展才华的重要舞台，从而形成企业利益与员工个人利益相互促进、共同满足的良性循环。

我国企业同样可以在以人为本的企业文化培育上有所作为。但在实践中，我国大多数企业的管理者对建立以人为本的企业文化却不予重视。他们认为，现在中国企业的“硬件”管理水平还很低，中国工人的素质也不高，以人为本的管理并不适合于当下的中国企业。这是一个错误的认识。一方面，工人素质或员工素质本身并非固定不变的，不断培养就会不断提高，相反，不培养不仅将止步不前，甚至还会退化。进行企业文化建设就是一个培养员工素质的重要渠道。另一方面，虽然科学管理是企业文化的前提，多数国家确实是在全面推行了科学管理之后才开始了企业文化建设，但作为后期的国家，我们不能亦步亦趋走别人的老路，需要跨越式发展。既然企业文化对科学管理的促进和补充已经被证明，我们就不必将二者割裂，而是创造性兼取二者的协调发展。

二、国企如何实施以人为本的企业文化战略

国企是中国企业的最重要形态，也担负着掌握国家经济命脉、服务民众不断增长的需求的使命。国企贯彻以人为本的企业文化战

略将对中国企业管理模式出水平、上台阶起到积极示范作用。

要以人为本，其中一个焦点是把人作为处于复杂社会状态条件下的、有多种欲望的复杂人，在管理中贯彻尊重人、关心人、信任人的原则，重视开发人的精神素质，确立人的主体地位。具体而言，要在企业经营中体现如下一些具体指导思想。

第一，尊重员工人格。要充分信任员工，公平待人，引导员工积极参与企业的决策、日常管理。同时通过营造宽松愉快的工作环境，有利于每个员工创造性的发挥。企业与员工之间不应是赤裸裸的利益关系，员工也不是被动服从的机器。应把每个员工都作为有思想、有感情的个人来看待。

第二，参与员工生涯规划。职业活动是一个人最主要的社会生活内容，如果某个职业场所只是提供物质激励却不重视精神激励，或者只是把员工当作短期的雇员而没有为他们做出长远规划，员工在这样的工作单位，面对这样的工作环境，也就会对工作和单位抱以冷漠、不关心的态度。参与员工生涯规划一方面是持续地开发员工潜力，使员工获得不断增长的能力；另一方面也体现了企业对员工的责任。再好的人才也需要在特定的企业环境和文化氛围中不断提升。因此，培训不是义务，而是权利，更是一种福利。企业不应只着眼于如何用人，更要注重培养人，这是两个不可分割的整体。通过合理、个性化的员工生涯规划，企业中的每位员工都时刻处在成长的过程，企业也由此与员工共同进步。

企业管理者的责任之一就是为员工提供良好的工作环境，让每个人发挥所长，努力营造人才成长的良好人事机制。企业应把员工的兴趣、特长和企业需要结合起来，恰当地参与员工职业生涯规划，充分挖掘其潜力，使员工真正安心于企业工作。这样，在员工个人能力提高的同时，企业也得以发展，从而实行企业与员工的双赢。

第三，建立公正的评价机制。企业文化的一个核心就是企业精神，即企业所倡导的、积极的价值观，有了这样的价值观，就可以为全体员工提供行为方式的指导，从而确认可行的与不可行的标准。这就形成了企业内的有效评价机制：一方面个人可以依据此标准来要求自己，同时看待他人；另一方面行为标准的确立还可以减少日常管理的摩擦，将人及纠纷转化为对共同标准的认同上。

企业诚信：我们该如何面对？

一个心智健全的个体，在社会中生活，就会接受并逐渐形成一系列与特定社会观念、习俗相符合的言行，加之个体自身的修养和领悟，他还会部分发展出高于或异于社会通常观念、习俗的品质。“诚信”对个体而言，正是其独立性的内容之一。孔子曾言：人无信不立。诚信对己，表明心身一体、言行一致，意味着个体品质的坚定和完整；诚信对人，则显示个体对他人的尊重，意味着社会交往及其由此结成的社会关系的可靠和可资信赖。从一定意义上说，“诚信”就是一个人自身的真实外显。

然而，企业也能像个体人一样表现出诚信吗？我们能否像对待个体一样对企业提出同样的诚信要求呢？在法律界，这一点丝毫不成问题。一方面，法律意义上的“人”包括了具有自然生命的个体，也包括了人造物之类的各种实体性组织、器具、建造物等。在法律看来，“企业”也是一种“人”，它被称作“法人”。另一方面，法律中的基本原则——支撑法律体系的核心观念——包括“遵守诚实信用的原则”这一规定，被称作“帝王条款”，它是构成全部具体法律条文的基石，没有人们对法律的自觉服膺，法律条文就如同废纸。

在哲学领域，这一问题的回答要困难得多。就哲学史的传统来说，主体往往是指有心灵、精神和思想意识的人，这样的人可以独立思考，自主做出选择，而且他还会与他人进行思想、观念的交锋，或相互吸收，或相互对抗，人就在“共同且有区别”的思考中界定自身，从而展示各自的品性。人类早期文化所讲到的诚信，其主体不言而喻都是指这样的主体。但在今天，个体不仅更经常地现身于各类组织之中，而且各类组织正在取代个体成为现代社会的主要活动者，这样的组织包括国家、政府机构、企业、民间团体、宗教组织、事业单位等各种形式。结果，除了有限的私人领域（如家庭、伙伴、乡邻交往等），个体之间的直接交往越来越稀少，更主要地表现为雇主与其下属、生产商与其客户、公务员与其服务对象、律师与其委托人等之类的社会关系、公共关系。组织横亘其中，就可能会因“代理转换”而让个体产生自己只是组织一员、组织包办了一切的错觉，个体原本就有的为人的意识、良知就会在巨大组织的压力和集团意志的长久消磨下丧失。反过来讲，当出现“丑闻”或伤害性事件时，许多组织也会借口　“这是当事人的个人行为，与本组织无关”而逃避自身的责任。那么，在高度分工、组织无处不在的现代社会，企业诚信究竟如何体现？企业本身就是诚信的当然主体，还是由某个机构或（如董事会、总裁、总经理等）代为行使？

由于企业首先是经济实体，企业服从于创立者和所有者的营利目的，不可能像个体一样是精神和物质双重需要的复合体，所以，企业不可能成为德性意义上的道德主体。但是，企业对我们生活的广泛和深入影响，对生活于其中的成员的深刻改造，使得它在许多方面进入到道德评价的辐射范围之中。人的内在向善性和觉悟的反思性是不可能自动传达给人造物——企业的，企业的道德问题只能划入到制度伦理层面。在明晰的产权制度设置、独立的公司法律体系（包括公司法、劳动者权益、消费者权益保护法规等）制度框架之下，来理解和认识企业诚信才是恰当的。只有这样，才能有针对性地解决企业诚信的主体、失信责任追究以及企业诚信建设着力点等重大理论问题。

孟华兴教授率多位同仁和弟子编撰了《企业诚信体系建设研究》一书，本着力图化解现实中大量企业失信行为的初衷，参考了经济学、管理学的诸多理论流派，提出了加强各项企业制度建设以促进企业诚信生成的基本观点。令人耳目一新的是，作者特别注意到了中介组织、行业的信用体系建设问题。这一方面的内容在国外企业诚信发展中得到了有效验证，但在中国长期被忽视，所以，借助中介组织、行业协会来多方位地构建企业诚信的社会舆论氛围和社会结构框架，这显然是极富远见的观点。该书提出了企业诚信体系建设的一种思路，仍为我们留下了许多未尽的话题。我们期待包括作者在内的更多人士投身这一领域的研究，推出更多、更好的佳作，繁荣学术研究，并为实业界提供恰当的指导。

论现代企业伦理关系与国企社会责任

众所周知，即便将企业功能理解为追求营利、获得最大利润，这些功能也要通过策划、生产、销售、后期服务等活动满足社会、公众需要才能实现，因此，企业与社会、公众存在千丝万缕的联系，不存在脱离社会、公众需要的企业。从伦理学角度看，企业会在其存续的过程中与各种群体结成形式不一的伦理关系。厘清诸多伦理关系，从而履行各种伦理关系所要求的相应规范，企业也就履行了自身的社会责任。由于企业是一种组织，同时又是一个人造物，因此，企业作为伦理关系的主体具有特异之处。国企的伦理关系所具有的道义色彩更浓，国企的社会责任更大。

一、现代社会中的企业伦理关系

在日常生活中，每一个人都集众多身份于一体。之所以同一个人有这么多的身份，是因为每一个人都是特定的存在，他与其他人的各种关系诠释了其存在形态。这些不同关系会影响和制约他的行为方式和价值取向，构成一个特定个体的社会角色，对这些社会角色所蕴含的价值内容的担当就是伦理关系。可见，社会存在—社会角色—伦理关系，既准确描述了个体存在的状态，又说明了伦理关系的源起，伦理关系体现了事实与价值的二重维度的合一。我们与不同个人、群体所建立起的各种伦理关系，不仅是我们实际生活的事实，而且深刻地折射了我们的价值取向。各种伦理关系就像纵横交错的网络，联系起家庭、社会、国家等更大范围的群体。正是通过伦理关系，人们展开了各自的社会生活。

伦理关系既然是社会人际关系的提炼，那么，它就会随社会生活的变化而出现更迭。但是，在社会变革交替过程中，先前的伦理关系并不是完全地、同时地跟着社会制度的变革而改革，那些与社会经济、政治制度关系最直接最密切的伦理关系首先受到冲击，并较早瓦解。例如，在近代中国，五四运动以后首先受到冲击的是封建纲常的君臣之伦和忠君要求，其次是宗族伦常，再次是个人的私德。此外，伦理关系的变化有快有慢，有的变动大有的变动小，有的形式变而实质不变。伦理关系中的“变”与“常”反映了人类生活的变动性与延续性的统一。

企业在社会和社会关系中行动，它要尊重各种既存的伦理关系，同时培育与自身相关的伦理关系，以营造和谐氛围。但是，希望企业尊重社会伦理关系，呼吁企业自身的伦理关系的意识和要求之出现却不过是20世纪60年代末才开始的。此前，尽管经营者、员工都在社会中生活，企业也在社会中建立并开展活动，但企业关注的只是市场，而不是社会，企业相关人员几乎从未意识到广泛意义上的社会的存在。随着企业活动渗透性的日益增强和企业人士影响力的扩大，企业忽视社会伦理关系所造成的后果也越来越严重，对既有伦理关系的破坏造成了社会关系失衡，也导致企业内员工人心涣散。鉴于此，企业界一些有识之士开始革新经营观念和经营方式。

其实，企业并非建立在“道德沙漠”上，包括企业在内的所有市场参与者都接受了市场的基本道德，如公平竞争、守信、自负其责等。在资本主义市场经济超越了原始资本积累阶段以后，人们就认识到了市场参与各方无序、恶性冲突所造成的消极社会后果，并采取了一定的事后修正措施加以弥补。比方说，在外部机制方面，形成了各种社会仲裁机构以规范市场行为，防止不公平竞争；在内部关系方面，认识到传统企业对工人劳动力的过度压榨将使整个民族的国民健康状况下降，因而采取限制工作时间和各种劳动保护措施等。不过，市场道德主体主要还是个体或自然人，特别是一部分卓越的企业家受到了感召，产生了慈善、救助、回报社会的意识和行为，他们中的佼佼者树立了良好的榜样。企业这样的实体或组织的伦理关系及相应的道德要求仍然没有得到重视。

在我国，改革开放以来，经济结构变化很大，原来统一的、大而全的公有制，现在变成以公有制为主体，同时又有相当规模和比重的个体经济、私营经济、合资经济、合作经济、独资经济等各种形式。以公有制为主体的多种经济形式并存，不仅产生了新的伦理关系，如经纪人与顾主的关系、咨询机构与经营实体的关系，而且一些旧的、曾经消失了的伦理关系又出现了，如雇主与雇员的劳资关系等。但决定我国经济领域内的伦理关系的主角还是国有企业，它们不仅具有明显的经济、政治优势，而且它们也承担国计民生的历史使命，因此，国企伦理关系根本不是是否应该有的问题，而是如何贯彻、充分展示的问题。这也是国企区别于发达国家企业和国内各种非公有企业的显著之点。

今天，人类正在从以国家为本、以资源为导向的工业经济迈向知识密集、网络型的全球经济，这就要求把企业的发展与人的发展、自然环境与社会环境的和谐高度统一起来。这对企业高级管理者以及全体企业人员都提出了更高的要求，人与环境、人与其他自然物种的关系，企业在生产、销售等过程中如何关注自身的环境责任，如何发展环境友好型技术、工艺及经营观念等都成为现代企业必须正视的问题。国企更应当在绿色经济、环境友好型技术等方面走在前列，承担起自身的环境责任。

二、国企伦理关系的类型

在中国，虽然国企的数量并不占优势，但国企因其市场占有率、集中度、GDP 的贡献等方面的突出业绩而受到政府的重视。从其本质而言，国企的产权是全体国民，国企的使命就是使国有投资获得增值，为国民的生活水平提高、生活质量改善而努力。国企与一般的企业不同，它具有相当程度的公益性，国企的伦理关系也不例外，可以说，国企伦理关系的表现形式与一般企业相似，但其内容却十分不同。

1. 雇员与企业的关系

雇员与企业的关系是最重要的企业伦理关系。从雇员立场说，他从生产组织中获得的明显收益是：增加可能的收入和自身对社会贡献的能力，扩大个人的责任，调整个人收入配置等。员工由此会对企业提出如下的合理要求：企业稳定地发展、稳定的工资收入、良好的企业形象、良好的福利、受教育培训的机会等。并且企业要对员工保证“公正对待”和“维护人权”。相应地，从企业立场说，它会要求员工不折不扣地履行合同中规定的义务：遵守目标、程序性规则和组织的工作计划，具备与工作和职位任务相匹配的能力，根据分配的任务发挥工作效率。雇员与企业的关系具有道德属性，但若缺乏足够的法律保障和相应的制度约束，相互的伦理关系并不会自动实现。事实上，在雇员与企业的关系中同样存在各种道德侵害，突出的有：劳动安全、职业病、精神压力、超强度工作安排、雇佣政策中的歧视、隐私权侵害、受教育权缺失等。

雇员与企业的关系之核心是如何激励雇员，使企业的组织目标与雇员的个人目标相结合，但只有受到尊重、得到满足的雇员才会对企业付出真心实意地投入，因为这样的雇员实现了对企业目标的认同，他会全身心投入企业的事业之中。在管理学上有“最后四英尺”的说法，所谓最后四英尺是指顾客上门后工作人员上前与之应对的距离。最后四英尺的关键掌握在那些与顾客直接接触的、第一线的工作人员身上。

从这一意义上说，第一线雇员而非企业中高层领导才是企业留住客户、创造效益、服务社会的直接实施者。中国在 20 世纪 60 年代广泛推行的《鞍钢宪法》就充分体现了这一精髓。《鞍钢宪法》所主张的“两参一改三结合”突出强调了密切干群关系，将企业目标融入上下全体雇员的参与之中。

2. 消费者与企业的关系

企业伦理关系的另一个重要形式是消费者与企业的关系，企业产品或企业服务的消费者总会因企业或企业行为而受益或受害。

企业靠向消费者出售产品和服务生存，因此，消费者是企业最重要的支持者之一。传统观点认为，企业与消费者的关系是一种相互利用、各图其利的关系，企业要尽可能赚钱，但必须通过满足消费者的需要这一手段；消费者总希望物美价廉而不考虑企业的死活。两者的利益都受“看不见的手”的保护和支撑。如果产品不能令消费者满意，产品就卖不出去。因此，在这种制度下，“消费者是上帝”，就像看不见的手，消费者是隐性的而非现实的制约力量，因为当时的人们相信消费者保护可通过市场制度自动达到。“看不见的手”看似公平无私，其实，在消费者与企业的关系问题上，诉诸“看不见的手”，企业占据明显优势，消费者则处于极端劣势之中。

假若消费者能够充分和确切地了解产品的真实情况，他就能够做出合理的抉择，例如，不会购买一些风险大的产品，如可能起火的汽车或会爆炸的燃气灶。但问题是，厂商一般不会自愿将潜在危险明确告诉消费者，后者也就无法完全了解产品真相。大多数消费者缺乏专门知识和必要手段来完全了解产品（尤其是当今一些高科技复杂产品）的安全情况，他们在很大程度上只能依靠厂商提供的信息，消费者这个“上帝”是跛足的，它不得不借助企业这个“仆人”所提供的拐杖，这就很可能使消费者受制于企业，而非控制企业。

从消费者的立场说，因为企业允诺，人们也可以希望企业将更好地满足他们的住房、食物、娱乐、交通、医疗和穿着等方面的需求，企业对消费者的明显责任是：改善决策资源，使用先进技术提高效率，稳定产出水准，增进责任资源，将其对自然资源的污染、破坏的过失和滥用政治权力的危害降到最低限度。易言之，消费者对企业的要求是：商品质量高、服务好、价格低、产品操作使用方便等。

企业与消费者的关系中所可能存在的不道德问题有：所提供的产品是有缺陷的和有害的、进行夸大或虚假的广告宣传、恶意欺骗消费者以及消费者恶意透支、虚假消费等。

3. 政府与企业的关系

我们的政府是人民的政府，国企的全民所有主要借助政府的监管、介入、扶持等方式来体现全体国民对其的现实占有、支配关系。于是，国企与其出资人的关系不再是经营者与股东的关系，而是经营者与政府的关系，国企的产权性质、使命等都体现在它与政府的关系上。国企有责任完成政府的指令。中央和地方政府对国企提出的要求通常包括：遵纪守法，及时足额缴纳赋税，保证国有资产增值，不断创新将企业做大做强等。国企也会对政府提出有益于自身发展的要求：尊重企业的自主经营权，保持相关政策的持续性，提供良好的法治环境，提高社会文明程度等等。

国企的双重身份：市场参与者和国民福利创造者。可能使国企难以区分自身的政治责任和经济责任，甚至有时故意混淆二者，以谋取自身利益的最大化，而非国家利益的最大化。这是政府与企业关系中最应严防的。具体来说，国企与政府的关系中所包含的不道德问题有：逃税、行贿、不履行报告义务、报告作假、阻止外部审查等。

4. 媒体与企业的关系

现代社会，各种大众传媒构成了资讯传递的载体，这不仅丰富了人们的生活，也影响着人们的价值观。

我们每个人都身处媒体所构建的资讯世界中，企业也不例外。企业的决策再也不会局限在企业内部的狭小范围，企业的行为也开始成为公众的关注点，企业的形象更是直接受到媒体持续曝光的深刻影响。媒体与企业的关系经常被理解为企业的一种公共关系。在媒体与企业的伦理关系中，媒体要求企业：尊重公众的知情权，注重与公众的及时沟通，不提供虚假信息等；企业对媒体的要求则是：真实、客观报道企业，尊重企业的内部规则，不乘人之危等。

三、国企社会责任的贯彻

企业伦理关系的典型形式是代理关系，代理关系中的双方及多方所具有的相互道义要求就展示了企业伦理关系的内容。代理关系是指委托方依靠代理方代表委托方进行某种活动的关系。企业内存在多种代理关系，雇佣关系、企业管理层与股东的关系、企业与公众的关系等都属于代理关系。假设委托方和代理方都依照各自利益行事，那么在代理关系中委托方就面临两个问题：隐蔽信息和隐蔽行为。隐蔽信息是指委托方对代理方未来工作绩效和行为的相关信息的理解不够准确，隐蔽行为是指委托方对代理方工作行为的了解既不准确也不完整。但是，以经济分析为依据的代理理论强调的是委托方必须采取某种交易方式来激励代理方，使其行动与委托方的目标保持一致。从企业伦理角度而言，还必须充分考虑代理方的角色及其责任。由于同时代表自身利益和委托方的利益，代理方会遇到角色冲突的情况，而角色冲突与欺骗行为、败德行为等直接相互关联，所以，还要对代理方进行道德调适和引导。国企伦理关系的承担就是自身社会责任的贯彻，必须借助经济、道德、法律等多种手段。

1. 落实员工参与

企业社会责任不同于传统企业家社会责任或企业责任之处就在于，企业社会责任是全员参与，即企业内上下全体员工都接受了企业的复合目标，并通过自己的岗位、工作等在企业存续的各个环节担当起企业社会责任，因此，员工参与是贯彻企业社会责任的重要方式。为此，一方面，要在企业内部大力推行厂务公开、告示制度，为广大职工群众直接进行全面、广泛的参与开通民主渠道；另一方面，要在企业外部建立与公众的良好沟通渠道，树立优良企业形象，对自身的外部行为和过失行为勇于承担责任，并积极、妥善处理，争取公众的理解和支持。

2. 用好权力，减少伤害

相对于私企、地方企业而言，国企常常扮演权力在握的准官方角色，特别是国企的主要负责人，更是直接掌握了运用、支配国有资产的权力，如何用好权力、减少对社会的伤害，也成为国企社会责任的重要内容。为此，国企要减小权力不当行使的空间和条件，以法制化的规则和程序制约权力的运行，使掌握权力的人员只能在法律限定的范围、程序、程度上行使职权；依据权力制约原理，调整部门与国企社会责任职能分工，合理划分职责权限，形成部门之间、单位之间平行交互监督制约的机制；职能管理和执法监督分离，推进职能部门的廉政勤政建设。

3. 重视国家政策、法律的引导

国家政策对国企贯彻社会责任有重要的引导作用。例如，国务院国有资产监督管理委员会公布的于 2008 年 10 月 1 日起施行的《中央企业资产损失责任追究暂行办法》，对国资委和央企在资产损失责任追究工作中的主要职责、央企资产损失认定、责任追究范围、责任划分和处罚措施都有明确规定。这些规定，对完善国有资产监管的组织体系和法规体系，健全国有企业法律风险防范机制，完善国有企业负责人经营业绩考核体系，健全国有企业经营者的激励和约束机制，都具有引导作用，国企在贯彻社会责任时必须予以重视。

在历史上，消费者对有害产品的赔偿几乎没有追索权，然而，在现代发达国家，依据人们对生产商的更高要求，法庭判决逐渐向消费者倾斜，不仅是企业、企业主的责任，而且产品责任也开始直接成为独立的领域。这明显扩大了消费者的权利，因为消费者不必就生产商忽视或违反其保证许诺提供证据。国企社会责任要求国企密切注意法制动态，主动接受法律的引导，不能仅仅不伤害消费者，还应适当关心他们，以防产品（在其设计、生产或使用中）对消费者造成可预见的伤害或不幸。

4. 重视人才，任人唯贤

国企社会责任具有不同于以往的全新内容，因此，国企必须将具有社会责任意识、时刻关注企业伦理关系的优秀人才推举到领导职位，从而借助自上而下的科层体系，快速推进国企社会责任的贯彻落实。这就要求改进国企领导干部的选拔方式，开放职工举荐和个人自荐等各种不拘一格的人才推荐体系；加快建立国企领导人员竞争上岗机制，建立国企领导人员人才资格考评和审查机构；加速国企经理人员人才市场的培育，推动企业领导人员合理有序流动。

国有企业应首先做到以社会利益为重，追求国家普遍福利和公众普遍生活质量的提高。这是全民的期待，也是国企义不容辞的责任。由于国企占有大量资源，支配着巨额财富，而且还得到了来自国家财政与税收、社会智力与教育等方面的大力支持，他们应回馈社会，回报公众，他们也应率先成为模范推行企业伦理、贯彻企业社会责任的组织。唯利是图、与民争利、部门利益最大化等等都是有违国企本质属性的行径。国企全体员工应树立高度的荣誉感和自豪感，努力担当起自身的社会责任。

第五篇　教育问题的思考

放飞孩子

每天早晨走在去人民大学的路上，总要遇到一些家长送孩子上学，有中学生，也有小学生。听到家长不停地唠叨，内容大致是家长对某种习惯几十年一贯制地坚持，有的还会追溯到祖先那里去；再就是有的家长对孩子在求学、为人处世上提出诸多苛刻要求。孩子一般都是沉默，让我看不出他们的态度是反抗还是听从，但我却从中感受到一种家庭教育的悲哀。

有专家学者直指中国教育是束缚人才的最大桎梏。一个接受过欧美教育的老师，在为孩子选择幼儿园和学校的时候，发现很多名校都喜欢让孩子背着手在那里读书，孩子的自由思维被老师限制，只好选择个一般意义上的幼儿园和学校去读。

中国的家长喜欢望子成龙，可自己每天的行为却远远地背离了这一点。多数家长认为：向孩子多灌输一些人生经验和做事原则，多让他们得到一些来自祖宗那里的家传，多一些规矩，孩子就会获得更好的发展。但这往往事与愿违，有的孩子学习成绩一直难以提高，有的成绩虽好但生存能力上存在很多欠缺。我们的学校喜欢靠升学率来导引教师和学生，很多学生成了学习的机器。我喜欢和一些高中生交流，每当看到他们疲惫的眼神，听到他们对家长近乎哀求的口气，我就感觉心惊。难道这就是我们渴望的教育效果吗？

作为一个家长，在孩子的学习成绩提高上，我不是十分称职，但对孩子思想、人格的塑造与培养，我始终按照让其自由飞翔、适度加以引导的原则，效果还是不错的。写作改变了我的人生，早年父母的一些理念曾影响我多年，那时只会服从父母，认为父母所言一切都是对的，渐渐长大后，才摸索出适应生存的一些道理。而更多的孩子因循在父母的思维套路和为人处世的人生哲学里难以自拔。

中国的教育的确应该从反思家庭教育开始。每一个为人父母者，应该考虑自己的教育方式是否正确，是否与时俱进，是否带有科学理性。有些家长自身是卓越的成功者，但孩子为什么没有培养出来？应该反思他们的日常教育方式。每个人的成长经历都无法复制，我们的孩子的成长历程和家长的成长相比，尽管有一些共性的东西，更多的却是变异之状。家长盼望着孩子一夜成名，希望孩子沿着自己走过的路再走一遍，这样的想法看似深刻，实则幼稚。家长没有遵循孩子的成长规律，欲速则不达。失败的家长逐渐增多起来，孩子最终没有得到良好的培养，惹得不少专家、学者也为之叹息不已。

现实问题的尖锐提醒我们应该好好反思孩子的成长：我们应该怎样引导孩子才是科学的？我们的规矩教学到底存在哪些失误？培养孩子是大胆放手还是让其在固定框框里生活？怎样衡量一个孩子的成功？怎样锻炼孩子的生存能力？

每个人的成长道路都是不同的，所以任何人的成功经验只能局部借鉴而不能完全照搬。聪明的选择就是寻觅到人生成功的钥匙，这就需要家长和学校为孩子提供方法论的指导。因为未来世界的开拓需要的是孩子多方面的能力，而不仅仅是学习成绩。孩子要适应自然、社会和一些新型的挑战，父母那里不会有现成的方法，老师不能提供高效的成功模式，需要孩子的自由思想、自我突破和人生顿悟。据笔者多年的观察，中规中矩的家庭教育培养出来的孩子在走上工作岗位之后通常业绩平平，但那些“放养”的孩子却往往适应能力极强，并能取得优异的成绩。

当前世界的多元化需要的是一种全方位能力凸显的人才。多元化发展的格局对我们如何培养孩子提出了更加严峻的挑战。每个家长的视野不能局限在一个家族、一个学校和一个地区，应该把着眼点放在培养孩子的广泛适应力上。这既要有思想上的不断更新，又要有技能上的不断提高，更要有心理上的不断调适。培养孩子最好的方式，我认为就是放飞孩子。

放飞孩子其实不是不管孩子，而是不再用僵硬的观点去束缚孩子。诚然，一些适应现代生活要求的优秀家庭传统依然可以坚持，但我们应更多地用现代教育理念和方法来教育和引导孩子，让孩子在幸福的教育环境里自由成长。

放飞孩子不是不引导孩子，而是让孩子学会理性的思考方式。孩子的独立思考能力是其走向成功的关键一步。孩子理性而全面的思维可以让孩子遇事不惊，遇难不怕，遇到挑战敢于应对，也善于应对。

放飞孩子不是让孩子信马由缰，而是让孩子自觉适应多元化社会的要求，全方位锻炼自己。我们提倡孩子在法律的规范和伦理的规范内自由飞翔，是与时俱进的多方位锻炼，是自由全面的个人发展。放飞孩子才能成就孩子，才能不让落后的教育方式捆绑孩子的成长。

振兴儿童动漫事关民族未来

目前中国的动漫发展势头强劲，但儿童动漫的发展却存在许多短板。原因自然很多，缺少好的剧本和投资商是其中的关键。往深处分析，儿童动漫发展的快慢还与国家的重视程度关系密切。

前不久，出国途中，飞机上的动漫吸引了我，其中儿童动漫居多。一路下来，竟然看了十几部儿童动漫，颠覆了我对儿童动漫的认识。

单从形式上而言，外国儿童动漫的丰富性让我大开眼界。几乎成人世界的一切都可以通过儿童动漫的方式来表现。在表现方式上，其文化内涵、科学品位、科技手段，堪称一流；从内容涉猎的宽度和深度而言，也非当下国内儿童动漫所能比拟。从外国动漫中能看出它们所传递的文化符号和价值理念，还有达观的生活态度和对未来世界的信心。

曾有一段时间，我喜欢陪女儿观看儿童动漫作品，曾为作者的精巧构思而拍手叫绝。但中国的儿童动漫作品毕竟太少，也难以让你对每一部作品心悦诚服。

前不久发布的《中国动漫指数》报告显示了2014年第一季度人气排行前五名的动画片，《熊出没》《喜羊羊与灰太狼》《熊出没之夺宝奇兵》《巴啦啦小魔仙》《懒羊羊当大厨》赫然在列。但客观地讲，这五部作品和外国的动漫作品比较起来，无论其制作水准、艺术感染力和文化内涵还都有一定的差距。尽管这样说会引起圈内人士的反感，但将我国的儿童动漫放到整个国际市场上去比较，其市场竞争力显然是较弱的。

报告还对观众的年龄段进行了分析，从年龄属性观察到2014年第一季度7岁至13岁的儿童仍然是中国动漫的主要观众，占总量的

55.6%，4 岁至 6 岁儿童与 14 岁至 17 岁儿童则分别占据 18.5% 与 16.7% 的份额，而十八岁以上的观众仅占 3.7%。从中可以看出，天真无邪的儿童在人生第一站的时候，他们所关注的是儿童动漫。

据报载，很多孩子喜欢看日本动漫，原因就在于日本动漫制作得水平高，文化承载多，作品表现形式丰富，内容多样，能引起小观众们的强烈共鸣。笔者是 20 世纪 60 年代出生的，孩提时代的小人书让我度过了快乐的童年时光。遗憾的是，现在孩子们喜欢读书的少了，他们大多靠屏幕获取精神食粮。但国产儿童动漫片迎合孩子的多，真正走进孩子心灵的少；浅尝辄止的多，深入探索的少；狭隘展现题材的多，遵循艺术规律内容丰富多彩的少；传统制作方法的多，创新超越的少。

日本和美国等国家的动漫之所以受到我国儿童的欢迎，与它们表现形式多样、内容丰富、制作精美不无关系。遗憾的是，我们自己的儿童动漫市场不景气，或让一些孩子失去学习机会，或让一些孩子早期追慕外国儿童动漫传递的价值观。

从国家层面而言，我国对儿童动漫的关注度还很不够。一则因为儿童动漫的发展在我国起步较晚，引起各级政府的关注度远远不够，加之儿童动漫不容易形成轰动效应和巨大的政绩，所以造成一部分省市动辄几千万去制作古装片、历史剧，对几万、几十万的动画制作却很少问津；二则因我国儿童动漫的市场潜力没有挖掘出来，一些投资商喜欢投资热门话题和时尚闹剧，追求快速的投资回报，而对有可能出力不讨好的儿童动漫制作敬而远之；三是缺少优秀的编剧和制作人才，我国从事儿童文学创作的作家数量还不多，在科普与文化、艺术与动漫之间游刃有余的优秀编剧还是凤毛麟角，这多少直接或间接影响了优秀动漫剧本的诞生，使得我国的优秀儿童动漫难以大量生产。当然，除了政府、投资人和创作者的原因之外，还存在着文化导向和市场选择的诸多因素，导致我国儿童动漫发展步履迟缓。

浇花浇根，一个民族的未来靠什么？靠今天的儿童和未来儿童的健康成长。儿童第一步的教育十分重要，儿童动漫是儿童教育的一种方式。从某种意义上来说，儿童动漫的制作事关当下儿童的成长，事关民族传统文脉的继承，事关儿童视野的开阔，事关整个民族人文素质的提升和中国科技的发展。政府应该有责任去引导文化部门制定更多的激励政策，吸引更多投资人投资儿童动漫作品，召集更多的优秀作家和科技工作者，特别是具有通才本领的优秀编剧加盟到儿童动漫的制作中来，形成上下一心、社会关注、立足现实、着眼未来的儿童动漫发展格局。

中国儿童需要优秀动漫的熏陶，中国的未来呼唤儿童动漫的陪伴，只有清醒地意识到儿童动漫与振兴民族未来的密切关系，我们才能有更好的责任和担当，无论政府、企业还是作家，才能瞄准儿童动漫的发展，制作出与时俱进、融汇民族精粹和时代科技特色的优秀儿童动漫作品，才能无愧于当下的儿童和未来的子孙们，我们民族的未来才有可靠的精神基础与人才希望。

关心留守儿童就是关心农村未来

五一期间，我到山东鲁南农村一作家朋友家去拜访，了解了许多农村留守儿童的境况。这些留守儿童，因为缺少家庭温暖和必要看护，有的很小就失学在家，还有的染上了偷摸的恶习，更有甚者沦落为少年犯。回京路上，看到湖南留守儿童杀害几位亲人的报道更是触目惊心。毋庸置疑，围绕留守儿童所发生的一切正在成为困扰无数农村家庭的重要问题。

随着城镇化普及，无数农民工兄弟为了改变生活状况，夫妻结伴赶赴城市打工。他们通过自己的辛苦劳动，赢得一定报酬，改善着家庭生活，也改变着自己的一切。有的在城市学到了先进技术，返回农村后成为发家致富能手。近年来，农民工自身在城市所面临的很多问题引起了政府高度关注。但更值得我们注意的是，大量的留守儿童被漠视的心田，比越来越多的荒地更可怕。

在很多偏僻乡村，留守儿童就像脱了线的风筝缺少管束和关爱。那些只有父母单方去打工的留守儿童还算幸运，可那些父母都去打工的留守儿童，却只能得到来自爷爷奶奶隔辈照料或者邻居亲戚的照看。有些十分困难的家庭，留守儿童还要逆向照顾老人，让年幼的孩子不堪生活的重负。

据不完全调查，夫妻一起外出打工量越大的乡村，失学儿童就越多。即使对那些夫妻一方外出打工的家庭而言，适龄孩子入学率也不高。即使勉强进入学校学习的孩子，也因为家庭困难等原因而辍学。经过前两轮打工潮筛选下来的青少年，目前也逐渐长大，开始外出打工。但他们因为受教育程度低，到城市打工依然面临着他们父辈曾经面临的问题。目前各级政府对留守儿童的教育问题尽管十分关注，但仍有大批留守儿童失学，继续演绎着他们父辈的悲哀。

缺少正常家庭环境成长起来的孩子，会有更大的可能成为问题儿童。隔代教育的惯养方式，无法让孩子成为自我约束能力强的孩子，缺少父母爱心滋养的孩子比较容易形成自私、贪婪、多疑的性格，孩子因为过早失学形成自卑、自闭性格日益增多。因为缺少必要的心理疏导，孩子对真善美假丑恶的辨别能力大大下降，对惯常礼仪的遵守也较差。留守儿童之间心理隔膜越来越大。对那些有幸与父母在城市生活过短暂时光的留守儿童而言，虽然可以感受短暂的幸福，但过后的重新留守则让他们对父母滋生出更多的怨恨。缺少家庭阳光雨露滋养的孩子，未来回报社会的往往不是真诚的爱。留守儿童犯罪率居高不下便是证明。

留守儿童和他们的父辈不一样的是，父辈们得到了正常家庭教育，传统的农业生产方式在父辈那里得到了继承；对留守儿童而言，生活意味着靠父母打工挣来的钱支出。第三代成长起来的留守儿童很少人会种地或者热衷于种地。在外打工的父母给予他们的是外出打工挣钱养家的价值观，使这些留守儿童成了农村的非农民。他们不屑做一个农民，更谈不上继承和发展农业技术。对留守儿童居多的村庄而言，则是一种农业上的损失。

农村未来的稳定要依靠广大农民的支撑，农村发展也需要农民对现代农业技术的掌控，留守儿童看似彰显的是一个现实问题，其实深层次地暴露出未来农村发展的困境。关心当下留守儿童的发展，就是关心农村的未来，就是关心民族发展的未来。

既然有了这样一个立足点，我们就应该以前所未有的急迫心理来认真对待留守儿童，围绕近年来发生在留守儿童身上的一系列问题，进行改进。

首先，我们应该形成切实有效的保障机制，切实让每个孩子都能安心读书，完成九年义务教育。这是一条不能再低的红线。否则，城镇化建设推进必将被落后的农村所拖垮。无论留守儿童的处境如何，保证他们完整地接受最基本的教育，这条基本原则不能变。

其次，我们全社会，都要关注留守儿童的成长，给留守儿童创造一个拥有爱的环境。对留守儿童的关心需要政府、学校、社会的共同努力。

只有政府着力发展当地经济，硬性规定当地农民对土地的坚守，国家形成对留守儿童刚性的保护性法律，学校注重开展对留守儿童的心理教育，社会伸出关爱之手帮助留守儿童，留守儿童的心理才会沿着健康的道路发展，留守儿童犯罪才会得到根本的遏制。

第三，要让留守儿童热爱农村、热爱劳动。培养他们的本土意识，树立起扎根农村的思想，传授给他们农业技术，让他们至少掌握一项未来生活的看家本领。

教师的道德与民族的良心

近期发生的20余起校园性侵案，肇事者大多是教师乃至校长。教师作为传道授业解惑的代表，他们所发挥的育苗作用于国于家于每个成长中的孩子都是巨大的。教师的道德水准，从某种意义上说，就是一个国家的道德水准。教师的价值取向，直接或间接影响着学生乃至民众的价值取向。难以想象有着优良传统的老师们，会成为道德审判席上的囚犯。我们阅读这样的报道，在愤懑之余，不禁要问：我们的师德怎么了？我们的教师队伍能否担当起教育的责任？

学高为师，身正为范。每个老师在从教之前都会经受一定的师德教育，但真正的修炼来自于教师本身。在中国，教师承担着承前启后的教学任务，他们既是自然科学的指引者，又是社会科学的传播者。一个人从呱呱坠地到在学校接受文化教育，人格的塑造是渐进性的过程。从幼儿园到小学，从中学到大学，众多的老师构成教育的链条。每个链条的断裂或者缺陷，都会给被培养出来的学生带来终生的遗憾和创伤。正因如此，教师责任重大，教师的水准，往往代表着一个时代的发展、一个国家的强盛水平、一个民族的未来希望。

令人遗憾的是，近年来一些龌龊的校园事件的发生已经令人难以忍受，这从一个侧面显示了我们师德的下降。教师这个链条的完美与精致受到了前所未有的公众质疑，不由得让人们对未来中国教育有所担忧。尽管那只是一批很少的害群之马，但这些害群之马，坑害的是未来国家发展的有生力量。试想，一个天真烂漫的女孩，对未来充满着憧憬，当她受到一位老师的侵害，她的心灵会受到多么大的创伤？她会如何认识这个世界？她今后的道路如何去走？面对那些痛心疾首的家长，面对无比愤怒的民众，我们应该怎样反思现在的教育？应该怎样管理我们的老师？这的确是当下不容回避的现实问题。

曾几何时，尊师重教被摆上了政府的重要议事日程，各级各类学校得到了快速发展，软件和硬件建设都得到了前所未有的加强。每年的教师节，一大批优秀老师会获得各种奖励，全社会都形成了自上而下的尊师风气，当一名老师是光荣的，特别是那些教学成绩优异的老师，更是受到学生家长的追捧。

问题的另一面是，光环之下的教师们缺少了更深层次的监督和自我约束，重教育轻道德的情况在一些学校盛行，在某些大学，直至把道德教育弃之一旁。老师的道德失范事件最多也就是街谈巷议而已，连及时的谈话提醒环节都省略了，致使一些学校在片面追求所谓教学质量的同时忽视了对教师的深化管理。一些无德老师之所以能在大学、中学和小学屡屡“犯事”，正是从深层次暴露了我们道德教育的缺失。

衡量一个民族道德水准的是那些事关国计民生的行业。教育不仅利于当下，更利于未来。教师教书育人，靠的不仅是一种简单的技能传授。一个人如果只具有高超的技术本领，但他的道德素质是低下的，也不能成为一个对社会有用的人。教师传授知识的水平不能遮蔽他道德低下带来的危害，恰恰相反，这样给学生们带来的后果更可怕。年轻人会通过一个伪君子的表现，错误地感受世界，他们会由此丧失掉对美好品质的继承，也会因此憎恶这个社会，甚至给这个世界传递更多的不满、怨恨和报复的所谓“负能量”。

教师作为民族文化的传承者，不仅要靠言传，更要靠身教。传承需要外在的约束。教育管理部门的及时监督和严格管理，应该成为一种制度。应该破除只看重成绩而忽略道德教育的当下教育误区，让每一位老师成为一个合格的教育者。

有人说，教师和医生代表着社会的良心，事实也是如此。教书育人的老师倘若教出的学生不合格，祖国和民族这台大联动机上的零件就不合格；医生假如不去全心全意地救死扶伤，而是坑蒙拐骗，危害的是民众的生命。教师、医生等等行业代表着的是民族的良心，假如这些行业的从业者不讲伦理，道德缺失，我们还能祈求国家和民族有良好的发展吗？

呼吁教育管理的加强，特别是对老师的全面整顿与道德素质教育，已经到了刻不容缓的时候了。

第六篇　对当下生活文化的思考

文化复兴的困局与出路

——从“内圣开新”到“公共儒学”

中华民族遭遇了文化困境，可谓老问题。而文化复兴，也是经久弥新的老使命。如何探寻文化复兴的有效出路，走出文化恐惧，实现文化复兴，迄今仍是中华民族面对的重大问题。在这一百年间，虽然许多人提出了文化复兴方案，但这些方案的理论根据并不自洽，也没有表现出实践价值，文化一直处于困局之中。最近，学者邓曦泽提出了一种新的方案——公共儒学，试图从公共交往角度破解文化困局，实现文化复兴。笔者认为，邓曦泽的公共儒学方案，在理论上是自洽的，在实践上是可行的。

邓曦泽由破而立，先批判既有文化复兴方案尤其是内圣开新思路的无效，再正面建构公共儒学进路。邓曦泽的研究体现在他的两本著作中，批判的内容主要集中在《现代古典学批判——以“中国哲学”为中心》一书中，建构的内容主要集中在《文化复兴论——公共儒学的进路》一书中。下面，笔者也由破到立，试图先在历史脉络中考察文化困局的形成以及邓曦泽对内圣开新的批判，然后考察公共儒学进路，最后对公共儒学进路的有效性进行评价。

一、文化困局及内圣开新方案的有效性

中华民族文化困局，是在时势变局与思想变迁的互动过程中逐渐产生的。鸦片战争后到甲午战争前，国人虽然承认在器物上不如西方，但还有一种制度和文化的优越感，如李鸿章所言，虽然中国的火器不如西方，但“文武制度，事事远出于西人之上”。但甲午战争之后，国人发现中国的制度和文化都有严重问题。不过，此期，国人主要从制度上寻找败因，认为中国的制度不如西方，西方是民

主制度，而中国是专制制度，于是产生了制度诉求。这种制度诉求反映在民国以后的文化复兴方案中，就是以现代新儒家为代表的“内圣开出新外王”（简作“内圣开新”）的“新外王”的“第一义”，即民主政治。至于“新外王”的另一义即科学，早已被国人所接受，并在“师夷长技以制夷”的洋务运动中开始展开。五四新文化运动时期，国人更加明确地追问：为什么中国没有发展出民主与科学？最终，国人得出结论，是因为文化不济。国家衰败的最终原因被追究到文化身上。于是，反古思潮形成了。关于这个过程，梁漱溟有完整的叙述，而梁启超、牟宗三、熊十力等均有论及。但是，这些讨论都是描述性的，而非理论性的。邓曦泽则从理论上揭示了反古思潮的“反古逻辑”，此即“前提1，对社会作经济、政治和文化的三分。前提2，把三者看成因果关系。前提3，中国国势衰微，经济弱”。“国人以国势衰微为事实前提，由此展开推理，认为因为中国文化落后，所以政治落后，又因为政治落后，所以经济落后，所以，文化是国势衰微的最终责任者”。可以说，百年来，邓曦泽第一个从理论上将反古思潮的内在机理清理出来了。

清理出“反古逻辑”具有重要意义，因为它使我们可以从根本上考察、分析和批判反古思潮，而不是停留在表面上。

其实，甲午战争之后，文化困局就初步显露了，而此期卫道者提出的主要破解方案是中体西用，但这一思路的有效性很低。五四新文化运动以后，新的方案即内圣开新取而代之。内圣开新思路的核心主张是要从历史文化（即常言的传统文化）中发展出现代性，并以民主与科学为主，此思路以牟宗三为代表。之所以说以牟宗三为代表，是因为实际上，许多人都持有“内圣开新”思路，在牟宗三那里主要是开出科学与民主，在冯友兰那里则是要开出理性主义，等等。因此，内圣开新可以不限于开出科学与民主，还可以开出其他中国人所需要却没有，而西方有的东西，所以，内圣开新可以扩展为一种普遍性思路，而牟宗三只是这种思路的代表人物。关于内圣开新，不断有人研究，或支持、发挥，或怀疑、否定，但是，邓曦泽的切入方式与众不同，是从语言角度考察内圣开新的。他很早就发现，现代“中国哲学”的建构依赖一种方法——以西解中，并表现为结构性的言说方式——“中A是西B”。内圣开新试图从传统中开出现代性，并总是试图证明，中国的某些东西是西方的某些先进的东西（现代性或其种子），因而，中国也具有现代性（或现代性的种子）。这种目的，在1958年元月以唐君毅、牟宗三、张君劢、徐复观四人的名义发表的《为中国文化敬告世界人士宣言》中有明确表述："我们不能承认中国之文化思想，没有民主思想之种子，其政治发展之内在要求，不倾向于民主制度之建立。亦不能承认中国文化是反科学的，自古即轻视科学实用技术的。"要想实现《宣言》的目的，即从内圣（传统）可以开出新外王（现代性），必须证明中国的某些东西就是现代性（或其种子），并表现为"中A是西B"这种结构性的言说方式，例如，冯友兰说："理即希腊哲学中所说之形式（form），气即如希腊哲学所说之材质（matter）也。"又如，牟宗三说："天道一方面是超越的，另一方面又是内在的。天道既超越又内在，此时可谓兼具宗教与道德的意味，宗教重超越义，而道德重内在义。"由此可知，冯友兰、牟宗三的表述方式都符合"中A是西B"这种结构，而"中A是西B"这种言说方式以及相应的以西解中方法，"五四"以后则延伸到历史学、文学等古典研究中，成为古典研究的绝对主流，而整个传统的古典学也因此转变为现代古典学。现代古典学的思路就是内圣开新，方法就是以西解中；或者说，内圣开新是现代古典学的内涵，现代古典学是内圣开新的外延，而二者表现在语言上就是"中A是西B"这种言说方式。这种言说方式，以前已有不少学者讨论过，如汤用彤、陈寅恪等。在古代，这种言说方式被称为"格义"。格义在古代就遭到反对，如僧睿在《毗摩罗诘提经义疏序》中就说，"格义迂而乖本"，但格义如何"迂而乖本"呢？却未有人做出深刻讨论。

清理出内圣开新必须借助"中A是西B"这种言说方式，邓曦泽继续运用语言分析，论证这种言说方式（亦即以西解中）的有效性。

邓曦泽说，他对内圣开新思路的批判，只需要一个前提，即主词呈现于宾词，他的批判就是严格可靠的。而主词呈现于宾词这一前提是否可靠？——可靠，因为人类文明主要就是靠"A是B"。这种言说方式建构起来的，并且在"A是B"句式中，若要理解主词A，就只能通过宾词B来理解，即主词呈现于宾词。主词呈现于宾词，乃是一个最基本的事实。主词呈现于宾词，与一切立场、民族、文化背景、知识背景等等皆无关系。例如，若别人评价说“张三是杰出人才”，张三会高兴，若说“张三是坏蛋”，张三会不高兴。张三就是通过宾词来理解别人对他的评价的，而宾词则是熟悉的、习惯使用的生存语言。否定主词呈现于宾词，就会导致否定人类文明的严重后果，并且一定会否定对人类文明的否定，从而陷入悖论，因为人类文明和对人类文明的否定（即无论正与反），都必须通过语言来表达，并必须主要表现为“A 是 B”句式。至于有效性观念，乃是人类一切生存活动的必然追求，不应视作某个理论的特有前提，而是普遍性前提。这两个前提在现代古典学批判中的功能，可以这样定位主词呈现于宾词，是揭示“中 A 是西 B”这种言说方式的本质的规则，有效性观念则是要从实践角度，放在历史实际中，将“中 A 是西 B”这种言说方式所产生的实际效果与它的预期效果相对照，检验其有效性。

根据这两个前提，邓曦泽运用推理，证明了现代古典学的实际效果与其预期效果南辕北辙。《现代古典学批判》从以下几个问题或目标来考问以西解中的有效性：第一，以西解中能够从历史文化中发掘出现代性吗？第二，需要以现代古典学的方法从历史文化开发现代性吗？第三，以西解中能够理解历史文化吗？第四，以西解中能够为中国人的生活提供意义，从而维护民族本位吗？第五，以西解中能够赓续学统吗？其实，只要稍微冷静地分析就会发现，这些问题并不苛刻，它们乃是现代古典学应该自我检查的问题。也就是说，以内圣开新为典范的现代古典学提出了一种解决问题的方案后，不应该不理会方案的有效性，这犹如医生开了药方，不应该不理会药方的疗效。

那么，如何判断以西解中方法（“中 A 是西 B”）的有效性呢？邓曦泽通过对“中 A 是西 B”的逻辑分析。运用有效性观念，将逻辑分析结果对照历史实际，并结合案例，论证了以西解中方法对于现代古典学的所有目标都毫无成效，有的甚至是负效，即南辕北辙（第三，四，五目标）。首先，“中 A 是西 B”（即以西解中）有什么本质与后果。由于主词呈现于宾词，所以，现代古典学的“中 A 是西 B”言说方式也只能是中 A 呈现于西 B。这意味着，在这种句式中，我们虽然试图理解中国古典文本（中 A），但实际上我们只能理解到西方文本（西 B）。而将“中 A”与“西 B”用“是”强行联系在一起，只是以西方为标准的毫无严格性的类比。其次，以西解中为什么不能实现其所有预期目标？对于上述五个问题。邓曦泽的解答如下，《文化复兴论》又概括了这几个追问，作为破的部分的核心内容。

第一，以西解中能够从历史文化中发掘出现代性吗？“中 A 是西 B”这种类比毫无严格性可言。若正方提出一个正题，反方按照同样的方式构造出一个与之对立的反题，在理论上，新儒家没有证明能从传统中开出民主与科学；而在实践上，生活与新儒家的理论是如此疏离。新儒家的论证并未为现实的科学与民主实践做出任何贡献。第二，需要以现代古典学的方法从历史文化开发现代性吗？不需要。因为，只有人们预先知道了西 B 是什么，才能说“中 A 是西 B”，既然预先知道了西 B 是什么，就意味着西 B 所代表的现代性已经来到了中国，引进现代性这个目标就在理论上实现了。若此，还有必要说传统中的某个东西（中 A）就是西 B 吗？实际上，我们今天引进的所有西方文化，都不是通过“中 A 是西 B”这种言说方式引进。第三，以西解中能够理解历史文化吗？读者通过“中 A 是西 B”这种言说方式只能理解到西 B。历史文化反而被遮蔽了，因而不可能被有效理解。第四，以西解中能够为中国人的生活提供意义，从而维护民族本位吗？既然现代古典学不能有效理解历史文化，则无法对之进行有效继承，既然无法有效理解和继承，维护民族文化本位又从何谈起？第五，以西解中能够赓续学统吗？邓曦泽以冯友兰与其后学为案例，论证了以西解中之法使学统的赓续成为不可能。

邓曦泽还指出，其实西方人也不赞同以西解中。海德格尔认为，“语言是存在之家”，并认为欧洲人和东亚人生活在完全不同的语言之家中。既然如此，怎么能随便让中国人生活在西方人的语言之家中呢？胡塞尔则指出，要让中国人学习欧洲文化，必须在中国人心中建造一个欧洲人。这就意味着，要通过“中 A 是西 B”来理解中 A，理解者必须首先理解西 B。在他心中建构一个欧洲世界，那么，这种方式建构起来的只能是欧洲世界。当然无法实现对历史文化（中 A）的有效理解。胡塞尔还直接指出，用西方概念解释印度和中国文化是错误的。更直接的批评来自杜威，杜威说：“中国正在急剧变化，若还是用旧时帝制那一套来思索中国，就和用西方概念的鸽笼子把中国的事实分格塞进去来解释中国同样地愚蠢。”杜威对以西解中的批评非常明确，杜威对以西解中的批评的威力，不仅在于他直截了当，还在于冯友兰是明确知道杜威这个观点的。他在《为什么中国没有科学》中引用了杜威此言。但他居然对此观点置之不理，未曾对自己的学术方法加以反省，即便他认为杜威不对，也应该给出理由。而列文森则对冯友兰的做法予以解释，认为他的目的乃是“通过促使特殊的中国价值与普遍的世界价值的配合来加强中国的地位”。但问题是，主观目的是一回事，客观效果又是一回事，以西解中真的就能加强中国的地位吗？——完全不能。

有不少人为现代古典学辩护，认为当时采取以西解中之法，乃是事出有因、情不得已，故应同情地了解。但这里有个问题值得追问：我们不要混淆事出有因与因可成立、事有成效。事出有因不等于事有成效，也不等于因“原因或理由”可成立。许多人在为现代古典学辩护时，都混淆了这一点。的确，采用以西解中的时代背景是当时中国国势日衰。文化被打倒，我们应该拯救历史文化，实现文化复兴。但是，这不等于采取以西解中的原因或理由是成立的，更不等于以西解中是有效的文化复兴手段。

如邓曦泽所言，在认知上，对一个事件（含学说、人物）的同情地了解，乃是对该事件的形成原因或形成理由进行清理，形成脉络。但是，这并不意味着在价值判断上，这些原因或理由是成立的、有效的，从而认可之。因此，不应混淆认知与认可。同样，一种学说有其形成原因，不等于该学说是有效的，不应混淆学说的成因和有效性。对有效性的考察比同情地了解更重要，因为前者更能促进社会进步。既然每个人都有一本难念的经，我们就应该搁置那本经（这对每个人都是公平的），而直接面对方案对于问题解决的有效性本身。

所以，笔者认为，邓曦泽对以“内圣开新”为基本思路的现代古典学的质疑不是苛刻的，批判是有效的。

二、公共儒学：从公共交往视角破解文化困局

批判容易建设难。虽然有效地批判了内圣开新思路，但破解文

化困局的有效方案在哪里呢？

是一个历史事件让邓曦泽找到了破解文化困局的突破口。2004年，360年前李自成进京又覆灭的甲申事件给邓曦泽一个启示：无论是明王朝官方还是李自成、吴三桂，他们在相互攻讦和自我辩护时，都使用了一种思想资源——儒学。这种情况与“五四”以来一方持这种主义，另一方持那种思想的争锋完全不同。在古代，儒学的作用表现为：在公共交往中，儒学是各方交流“广而言之”，是中华民族内部的公共交往的思想共源和公共平台。于是，当年，邓曦泽完成了《正德利用厚生：从政治合法性到儒学公共性》一文。此文初步形成了公共儒学进路，《文化复兴论》的核心概念“思想源”、“思想共源”、“公共交往平台”、“儒学公共性”在此文中均已使用，并做了初步界定，核心观点亦在此文中作了初步论述。

基于对现代古典学的有效批判，并基于《正德利用厚生：从政治合法性到儒学公共性》一文的初步思考，邓曦泽说他“终于可以用比较严格而系统的方法来讨论‘历史文化有什么用’这个问题了”。之后，邓曦泽又完成了《文化复兴论——公共儒学的进路》一书，完整、系统地建构了公共儒学进路。公共儒学就是邓曦泽提出的，试图突破近代以来中华民族面对的文化困局的方案。下文，笔者将对此方案进行系统考察。

公共儒学进路的核心内容是从公共交往角度发掘历史文化的价值，认为历史文化蕴含古今共通的许多生活问题与方法，所以它能够作为现今人们生活重要的思想共源，促进人们形成公共价值，形成公共交往平台，发挥判定功能，促进公共交往，并间接提升公共道德、公共精神与公共信念。

在《文化复兴论》中，邓曦泽对公共儒学的建构可以分为理论篇（上篇）和应用篇（下篇）。上篇属于基础理论，证明历史文化在生活建构，包括个体生活和公共生活中的功能；下篇是应用，运用上篇提供的理论来解释历史和现实，并提出了文化复兴的操作性方案。

（一）理论建构：文化复兴的生存基础

1. 历史文化建构个体生活意义

人之异于禽兽者，在于人要追求生活的意义。生活意义如何建构呢？这可以从生存活动的基本结构和生活意义的建构形式两方面来考察。人的生存活动都具有“问题 + 方法 + 效用”的基本结构“元结构”。也就是说，人类“无论是群体还是个体”的生存活动，都是不断面对各种生存问题，寻找各种方法，以求最有效地解决问题。然后考察方法的有效性，如果方法的有效性低，则调整方法，以求更有效地解决问题（《文化复兴论》将此明确提炼为“方法主义”）。本来“问题 + 方法 + 效用”是人们每天都在经历的，但正因为日用而不知，此结构从未被人们明确总结。人类文明“尤其是学术”发展的一个方面，就是要把人们习以为常的事情和观念知识化，包括成文化、理论化、系统化，由自发到自觉，由自己摸索到多数人都可模仿，使那些有效的知识成为人类文明，或知识的有效存量；推进文明积累，模仿的成本显然比摸索低，所以，有效的知识积累可以更快地增进人类幸福。“问题 + 方法 + 效用”这一元结构，被邓曦泽提取为一种元方法论，既作为批判现代古典学的基本方法论，也作为建构公共儒学的基本方法论。并且，纵览二书，我们会发现，邓曦泽反复运用了这一方法论。

问题、方法与效用，揭示了任意生存活动三大基本要素，但这三大要素是如何发生的呢？《论“中国哲学”的意义困境》一文，揭示了生活意义是以“询问—应答—行动”的方式建构的。行为者首先作为询问者询问“为什么做”和“如何做”（问），“思想源予以应答”(答)，然后询问者作为行动者根据应答而行动(行)，于是就形成“问—答—行”的生活意义建构方式。“问—答—行”方式也是人们日用而不知的，但它被知识化后，有助于我们处理某些问题。例如，此文就论证了以西解中使现代古典学无法进入。“问—答—行”方式中而建构生活意义，将意义建构方式表述为“询问—应答—行动”是饶有意味的。

个体生活意义建构必须来自思想源，思想源未必都来自既有文化。对于行为者来说，凡不是他自己创造的文化都是既有文化，既有文化包括年代久远的历史文化和年代较近的新生文化，也可以来自自创文化。但是，任何人都不可能脱离既有文化而建构生活意义，因为人生下来需要学习语言和做事，才能生存。行为者可以没有创造，但不可能没有继承，如果行为者不继承既有文化，他根本无法生存下去，甚至根本无法成为人，在这个角度看，既有文化对生活意义与价值的建构是极其重要的。因此，历史文化对于个体生活意义的建构具有重要作用。

2. 历史文化作为公共交往平台促进公共交往

历史文化建构个体生活意义，这只是其功能的一方面，如果历史文化不能在公共生活中发挥作用，则其功能和价值很有限。因为，如果不考虑公共交往，个体选择什么样的思想源，并不重要，但是，考虑到公共交往，个体对思想源的选择则非常重要。个体思想源与群体思想共源是密切相关的，公共交往是以个体生存为条件的，是个体生存的相互关系构成公共交往，所以，如何使个体思想源与群体思想共源的关系协调，就是一个重要问题。而历史文化就是协调个体思想源与群体思想源的很好的思想源。

问题的关键是：历史文化如何在公共交往中发挥作用？

邓曦泽首先从四个预设出发，证明了人必然要进行公共交往，这四个预设是：人有欲望，人必须利用他人满足欲望，人具有自控能力，人具有语言能力，能表达自己的意愿并能理解他人的意愿。根据这四个预设，可以证明，四者是公共交往的充要条件。

要使公共交往有效进行，必须是交往各方达成共识，越能达成共识，交往越能有效进行。有效交往需要在哪些方面达成共识？根据"问题 + 方法 + 效用"的方法论，应该在问题或方法上达成共识，效用蕴含于方法，故不必将在效用上达成共识独列出来，只有当交往各方就问题或方法达成一致，交往才能有效进行，那些达成了共识的问题或方法，就是公共价值。因此可以说，交往各方公共价值越多，交往越容易有效进行。那么，如何才能促进公共价值的建构呢？再次运用"问题 + 方法 + 效用"的方法论可知，这需要使交往各方在尽可能多的问题或方法上达成共识，进一步的问题是：如何才能尽可能使交往各方在尽可能多的问题或方法上达成共识？至此，论证进入关键的环节。

邓曦泽认为，要使交往各方具有更多的公共价值，直接的办法是扩大交往各方的思想共源。交往各方的思想源集合的相同程度与其价值交集或公共价值的大小成正相关关系。由这个结论可以引申出一个推论：扩大交往各方的思想源集合的相同程度，可以扩大公共价值，从而可以增加公共交往的有效性。进一步的推论是：扩大思想共源可以扩大公共价值，并可以增加公共交往的有效性。下一步的问题是，思想共源又如何能扩大呢？思想共源不是想扩大就能扩大的，因为即便交往各方想拥有特定思想共源，思想共源也不是短期内想有就有的。思想共源需要各方在长期的交往中逐渐形成，“长期”则意味着历史文化能够发挥作用，历史文化正是通过长期形成、发展和积累成为思想共源。

历史文化又如何形成思想共源？运用“问题+方法+效用”的方法论，邓曦泽再次论证，由于许多生活问题和方法都是可重复的，是古人、今人甚至后人都要面对和运用的，这些问题就成为古今之间的交往平台的一部分。就问题看，关于古代问题的不可超越，很好理解，因为古代的许多问题现今仍要面对。如，如何进行生产？如何进行产品分配？如何建构公平正义？如何进行道德建设？等等。就方法看，对于古今的公共问题，古代的确没有提出完全有效的方法，否则，这些问题就不复存在。但是，在现今没有提出更好方法的情况下，古代方法就是不可超越的，即便它是局限的、偏颇的，也是无法超越的。当且仅当“后代的方法优于前代的方法”，前代的方法才是可以超越的。正因为历史文化中的许多问题和方法是古今公共的，历史文化才成为古代交往、现今交往、古今交往以及今未交往的思想共源。

思想共源的具体化，就是公共交往平台。对于促进公共交往，历史文化有两种功能：一是作为思想共源，二是作为公共交往平台。这两种功能不是并列的，后者是从前者派生出来的，历史文化发挥思想共源功能，乃是它的基础性功能；而历史文化发挥公共交往平台的功能，乃是它的直接功能。历史文化的直接功能包括：在它作为思想共源的基础上，直接有效地促进公共价值的形成，形成公共交往平台，发挥判定功能，并直接有效地实现文化传承与文化复兴。历史文化还有间接功能，即提高一个民族的公共道德和公共精神，成为该民族共有文化家园与精神家园，但是，这个间接功能的有效性不是可靠的。

由于历史文化使交往各方享有更多的思想共源和交往平台，使各方的共识更多，因而使公共交往更能有效进行，作为公共交往平台，历史文化的功能具体表现为：第一，使交往行为更可预期；第二，有助于减少分歧；第三，有助于文化积累和传统形成；第四，在日常生活中有许多隐而不显的作用。因此，历史文化乃是一个民族或国家（不限于中华民族）的重要思想共源与公共交往平台，它是有效公共交往的重要推动力。

在探讨历史文化的功能时，邓曦泽大量使用了“交往成本”这一概念（从第二章第四节开始），论证了公共交往需要降低交往成本，而历史文化有助于降低交往成本，因此具有重要价值。虽然邓曦泽没有明确运用经济学理论，但实际上，他是在运用新制度主义经济学的交易成本理论。在《文化复兴论》第二章，邓曦泽完全没有套用也没有借用科斯交易成本理论，而是从更基础的层面，通过四个预设，运用“问题+方法+效用”的方法论，一步一步地推导出，如果交往各方在问题和方法上都无法达成共识，则交往成本无穷大，交往根本不能有效进行，所以，交往各方必须在问题或方法上达成一定程度的共识，才能降低交往成本，使交往有效进行。由于“问题+方法+效用”是生存活动的元结构，所以，任何交往活动都必定有交往成本，并且都必定发生在问题或方法上，而商业意义的交易成本也必定发生在问题或方法上，它只是交往成本的一种表现。在这个意义上，交往成本比交易成本更基础、更普遍，将交往成本运用于分析历史文化的功能，意味着运用经济学方法研究历史文化，还大有可为。

关于历史文化可以降低交往成本，邓曦泽以日用而不知的筷子为例，作了饶有意味的阐发。如果大家一起进餐，所有人都用筷子，那么，在吃饭摆餐具、做饭菜时，对餐具的考虑就会很一致，分歧就会大大减少，交往成本就会大大降低。筷子被代代沿用，就成为人们的公共交往平台，不但可以促进同代交往，也能促进代际交往，反之，如果甲要用筷子，乙要用叉子，丙要用汤勺，丁要用手抓，这样，在准备餐具、做饭、做菜等方面就会增加很多分歧和成本（分歧是成本的一种形式，并经常表现为交往成本），降低交往的有效性程度。邓曦泽认为，历史文化作为公共交往平台，其功能跟筷子实际上是一样的，甚至可以这样比喻，历史文化就是由丰富多样的“餐具”组成，这些“餐具”促进公共交往的方式与筷子一样，作为解决某些问题的公共交往平台，减少分歧，降低交往成本，促进公共交往。

上述内容，就是邓曦泽公共儒学的主要内容。在建构公共儒学时，邓曦泽的研究与一般的研究不同。一般的研究，包括属于内圣开新思路的研究，属于某某（古代）思想的现代价值的研究，属于某某（古代）思想的现代转化的研究，都首先假定了文化复兴的基础（或可能性）是不容置疑的，其问题方式是：如何进行（某些内容）的文化复兴。而《文化复兴论》的上篇则是专门、系统地讨论文化复兴的理论基础，其问题方式是“文化复兴何以可能”，相对来说，一般研究属于一阶研究，而《文化复兴论》的上篇属于二阶研究。《公共儒学进路》虽然以“儒学”为名，但它不是一种特殊性、地方性理论，公共儒学进路实际上针对的是“历史文化对公共交往有什么作用”这个一般性、普遍性问题，“儒学”一词只不过是强调儒学在中国历史文化中的主体地位。实际上，公共儒学的适用性完全不限于儒学，而是适用于任何国家、民族的历史文化，任何国家、民族的历史文化对其公共交往都有重要的促进作用。

（二）应用研究：从历史到现实

在《文化复兴论》下篇，邓曦泽运用上篇建构的基础理论——公共儒学，既解释了中国的一段重要历史（秦汉大一统），也解释了近代产生。至今仍然面对的文化困局，还为文化复兴提出了具有一定操作性的方案。

1. 重估秦汉大一统：对公共儒学的一个验证

邓曦泽运用公共儒学，重新解释了中国历史上的重要事件“秦汉大一统”。尤其是汉武帝“罢黜百家、独尊儒术”的思想大一统。其实，邓曦泽的根本用意不在于重新解释秦汉大一统，而是通过重估秦汉大一统来验证公共儒学。

邓曦泽选择汉武帝的思想大一统作为案例，主要是因为秦皇汉武时代是中国经过大动荡后重新整顿的时代，而当今中国也正在重新整顿中。两段历史有相似之处。关于汉武帝为什么要进行思想大一统，学界的解释不外乎汉武帝要维护统治。但这样的解释很没有针对性，因为政治家的任何举措都可以理解为维护统治，这种解释，对任何政治举措都适用，却无法把罢黜百家、独尊儒术与其他政治举措区分开来，因此根本用不着解释。

汉武帝为什么要进行思想大一统?邓曦泽认为,由于春秋战国以降,周文颓废、百家争鸣,导致思想紊乱。思想紊乱在公共儒学中理解就是思想共源紊乱。思想共源紊乱,必然导致交往平台紊乱和破裂,影响公共交往,秦始皇、汉武帝都认识到了这一问题。而秦始皇先从经济、政治领域解决了大一统问题,而汉武帝的独尊儒术则从思想或文化上解决了大一统问题。为了为中华民族建设一个广泛认可的、基本的、稳定的、有效的思想共源,为中华民族建设一个相应的公共价值系统与公共交往平台,并促进中华民族公共精神的形成。在重估秦汉大一统时,邓曦泽使用了理论分析和史料佐证相辅的方法,史料与理论是协调的,理论可以解释史料,史料可以支持理论,运用公共儒学重估秦汉大一统,不但对秦汉大一统获得了崭新的理解,更重要的是验证了公共儒学的解释力。

2. 解析近代文化困局:对公共儒学的又一验证

接下来,邓曦泽再次运用公共儒学。重新梳理、诠释了近代以来中华民族遭遇的文化困局。由于反古思潮对历史文化的消解,使中华民族内部的许多共识、思想共源被搅乱,出现了鲁迅所言的“二重思想”,导致“彷徨的人种,寻不出位置”,孙中山说的“新旧潮流相冲突,一般国民都无所适从”。“国民的彷徨、无所适从”就是孔子所言的“民无所措手足”。而“民无所措手足”的根子在于没有“正名”,“正名”可以在两种含义上理解:一是在最基础层面确立思想共源;二是从思想共源引申出公共价值。二者是有其一则有其二。

从孙中山以降,历代政治家都认识到了思想紊乱导致的严重社会问题。因此,他们都试图统一思想,历代政治家的差别不在于要不要对社会思想进行基本的统一,而是“用什么思想来统一分歧的思想”作为基本思想,至于究竟用什么思想作为基本思想,姑且不论。只要我们承认,一个国家、社会需要统一的基本思想和公共交往平台,那就可以说,公共儒学对于解释近代中国遭遇的文化困局是有效的。

3. 文化复兴的可行性

对秦汉大一统和近代文化困局的解释,验证了公共儒学的解释力。再根据上篇的基础理论,邓曦泽提出了文化复兴的宏观方案。

运用“问题 + 方法 + 效用”的基本方法论,再运用逻辑方法,邓曦泽给出了如何判定一个方法是否可行的方法（这里的后一个“方法”属于二阶方法）。论证了历史文化能否适应（至少不阻碍现代生活）是有可操作的判定方法的。不过，并非所有历史文化都值得复兴，历史文化要复兴，必须能适应现代生活，在此基础上，邓曦泽讨论了文化复兴的任务，还编制了“文化复兴任务表”。

《文化复兴论》上下篇的分野是很清楚的，邓曦泽力图从理论到运用，为文化复兴建构一个系统的解决方案。那么，邓曦泽的公共儒学在多大程度上是有效的呢？

三、公共儒学进路的有效性

（一）公共儒学进路的创新

公共儒学有无创新呢？可以肯定，公共儒学进路的创新度相当高。

第一，首次明确从公共交往角度讨论历史文化的价值，切中了历史文化的本有功能。邓曦泽说公共儒学进路，可谓最无创新之创新，因为它不过是重新肯定、展露了历史文化的本有功能。但正因为公共儒学切中了历史文化的本有功能，所以，有评论者认为，“公共儒学进路没有向历史文化追加功能，而是揭示其本有功能。故可以说，它让历史回归了本位——这才是真正的本位，而内圣开新这样的思路根本不可能回归本位”。

第二，公共儒学摆脱了现代古典学的内圣开新思路，无需向历史文化强加开出现代性的任务，也无须采用“中A是西B”的言说方式，纵览《文化复兴论》和《现代古典学批判》这两本书，几乎找不到“中A是西B”的句子。

第三，运用了严格而系统的分析方法，在《文化复兴论》自序开头，邓曦泽就强调他“终于可以用比较严格而系统的方法来讨论‘历史文化有什么用’这个问题了”。在正文中，他再次强调该书“不仅是提出一种解决方案，更重要的是论证这种方案”。迄今为止，没有人对历史文化之价值（或功能、效用、作用）做出过比较严格系统的论证，而本书对之进行比较严格、系统、清楚、准确的论证，这是本书最大的特点，没有这一点，本书的答案仍然是断言式的、立场式的、主义式的、情感式的回答，很容易成为一种简单的立场。

而与其他断言式回答产生立场之争，而该书，最大的意义，也就是基于比较严格的论证而得出结论。《文化复兴论》上篇约17万字，却很少使用文献，几乎全是根据预设进行推理，大量使用了自然语言推理，还借用了数理逻辑，这种系统的分析方法在国内学术界并不多见。

针对邓曦泽的严格分析方法，有评论者指出，《文化复兴论》真正的独特之处，既非问题，也非解决方案，而是论证其论证已命名为“巡航导弹式”的思维方式和论证方式。若非严格的论证，《文化复兴论》只不过多了一种并不可靠的解决方案，中国传统学术比较缺乏严格的论证，而现代西方学术最根本的特征就是论证，我们学习西方，应借鉴和加强对论证的学习。邓曦泽强调严格论证，在实践中加强论证，对于中国学术乃是吃补药而不是吃泻药，是建设性的而非破坏性的。

（二）创造理论而非验证理论

在《论“中国哲学”的意义困境》一文中，邓曦泽指出，由于“中国哲学”在方法上采取了以西解中的外部裁判方式，使得它面对两难。要么原创地超越哲学而不再是“中国”哲学，要么不超越哲学而无原创。实际上，整个现代古典学都不是在发现、生产和创造理论，而是在验证理论，因为当它采用内圣开新思路，采用“中A是西B”的言说方式，试图从历史文化中开出现代性，这就注定了它总是借用中国古典文本来验证西方理论，而不可能发现、生产理论。

但是，公共儒学既不是用西方思想解释中国古典文本，也不是引用西方理论，而是原创性地生产理论。这种创造突出地表现在《文化复兴论》上篇的基础理论中，在导论的方法论中，邓曦泽对自己寄予明确的期望，在理论建构上，本书追求自足的论证，力图建构自足的理论体系，自足地解决问题。在论证上，本书追求严格、准确、清楚与精练，这四者的重要性递减。一个理论若是自足的论证，则必定是原创的。在上篇，邓曦泽极少引用西方理论来支持他的论证，在定义文化概念时，参考了沃斯诺尔等的《文化分析》，罗森塔尔·尤金编的《简明哲学辞典》，爱德华·泰勒的《原始文化》，亚当·库柏、杰西卡·库柏主编的《社会科学百科全书》；附带说明解释不可能无穷时，参考了亚里士多德《形而上学》，附带说明理解不可能绝对准确时，参考了维特根斯坦的《蓝皮书》；附带讨论任何事件、任何知识都跟主体相关时，参考了普特南的《事实与价值二分法的崩溃》；这些参考文献可以增加知识上的丰富性，但对于公共儒学的论证来说都不是必要的，如果都去掉，公共儒学是自足的。同时，整个上篇都没有采用“中A是西B”的言说方式。纵览上篇，邓曦泽是基于预设，通过推理来建构一个完整自足的公共儒学理论的。从公共交往角度，通过纯理论的方式来考察历史文化的功能与价值，是西方也没有的(哈贝马斯主要是从历史发生的角度阐发交往理性的，与邓曦泽的论证方法不矛盾，但迥然不同)。所以，邓曦泽是在创造理论，而非验证理论。理论创造具有重要意义，甚至可以说，它在人类各种活动中具有优先地位，人们总是用自己自觉或不自觉掌握的理论或知识去生产，而用理论去生产的前提是有理论，所以，理论创造具有优先地位。这一点，在近代科学产生以来尤其明显。我们通常将“科学技术”并列使用，但实际上，现代科学技术首先是一套规整的理论(牛顿力学是一个典范，而不是一套技术)，是用理论解释和预测世界（或事件），再根据理论发展技术，进行实践，再转化为生产力和产品。人类发展自身理智的重要任务，就是把事件（或作为事件总和的世界）尽可能纳入理论中进行解释和预测，而人类理智进步的重要尺度，就是能有效解释和预测事件的理论的发展程度。因此，邓曦泽的理论创造具有重要意义，尤其是对于缺乏理论创造的中国学界。

（三）公共儒学能否有效证明中国历史文化必然复兴

公共儒学在理论上是自足的，但它是否能够证明中国的历史文化尤其是儒学能够复兴呢？恐怕不一定。提出这个问题是因为“公共儒学”中的“儒学”并不是特指孔子创立的“儒学”，而是借用儒学来表达历史文化对公共交往的重要促进功能。公共儒学的准确含义是：任何一个国家的历史文化对公共交往都有重要影响，如果它优良，则可以很好地促进公共交往，推动国家的发展；如果它低劣，则可能阻碍交往。正因为后者存在，邓曦泽才认为历史文化是可以更替的，而更替的标准就是看新的文化能否比旧的文化更有效地促进公共交往。一般意义的历史文化很重要、很有用，不等于中国的历史文化，尤其是儒学，很有用。所以，公共儒学能否证明中国历史文化必然复兴，在逻辑上尚是疑问。关于此点，其实一篇关于《文化复兴论》的英文评论业已指出，就论证的严格性来说，《文化复兴论》能严格证明历史文化是重要的交往平台（上篇），却并不能严格证明中国的历史文化或儒学一定是好的交往平台（下篇）。《文化复兴论》上篇所讨论的乃是一般性的历史文化，不论对于哪个民族或国家、历史文化都是重要交往平台，而这种重要性并不意味着所有历史文化都是好的。如果特定历史文化（或传统）的具体内容比较优良，则是好的交往平台，反之，则是不好的交往平台。在下篇，虽然邓曦泽给出了判定历史文化复兴可行性的方法，也给出了复兴历史文化的任务与策略（第五章第一节和第三节），但实际上，这仍是在一般层面考察文化复兴的实现问题。而这些一般性的讨论以及讨论所得出的方法与结论，都具有普适性，而不仅适用于中国。《文化复兴论》虽然列举了一些具体例子来证明中国历史文化之价值，但这还远远不够，要证明中国历史文化对于中华民族是良好的、有效的重要交往平台，还需要更具体地论证哪些历史文化内容可以成为哪些公共交往的重要平台。由此还关涉另一个问题，《文化复兴论》也不能证明中国的历史文化或儒学必然能复兴，如此一来，邓曦泽的公共儒学进路本身并不能就中国历史文化之复兴给出完整的答案。根据公共儒学进路，我们似乎只能得出，历史文化很重要，我们应该塑造、培育优良的、稳定的历史文化，甚至形成新的历史传统，以促进公共交往。因此，公共儒学进路只完成了很基础的工作，我们要具体地弘扬历史文化的有益思想，以及吸收优秀外来文化，创造优秀新文化，为中华民族建构一个更宽广、稳固、有效的交往平台。还有许多具体工作要做，而这既非一个人能决定的，也非一个人所能胜任的。

在这意义上，从公共儒学的一般理论，即《文化复兴论》（上篇）很难直接导出中国历史文化一定值得复兴和能够复兴，当然也不能导出中国历史文化不值得和不能复兴。不过，公共儒学进路至少可以得出一个确定的结论：历史文化非常重要，因此必须重视文化建设，形成优良的传统，促进社会的有效交往，提高交往效率和质量。至于哪些历史文化内容能够复兴，只有通过对具体内容的考察，并结合现代社会的需要，才能做出判断。让人乐观的是，邓曦泽的公共儒学进路为建构中华民族更优越的公共交往平台开辟了一条新的路径，为下一步的工作奠定了一个基础平台。

四、中国学术需要挑战者

无论我们是否赞同邓曦泽，有一点都是可以肯定的：邓曦泽对现代古典学的批判和对公共儒学的建构，无论在观点上还是在论证方式上都是独特的。尤其是，他自觉地追求严格的论证，并且事实上其论证也是相当严格的。

在批判角度，正因为有了严格论证，使得邓曦泽的观点具有极强的杀伤力，邓曦泽在《现代古典学批判》自序中将他对现代古典学的批判自命为“一本挑战书”，并认为《文化复兴论》也是一本挑战书，甚至是一本“更锋利的挑战书”。邓曦泽这种宣称和风格很不符合中国温柔敦厚、含而不露的传统。但是，正是这种传统，使中国学术缺乏直面问题、坦率地争论和交锋的能力，从而阻碍了真问题、真道理的推进，阻碍了学术的前进，这种情况并非自今而始，实乃古已有之。汉唐儒者谨守师说而已，自南宋至明，凡说经讲学论文皆各立门户，大抵数名人为之主，而依草附木者嚣然助之，朋党一分，千秋吴越，渐流渐远，并其本师之宗旨亦失其传，而仇隙相寻，操戈不已。名为争是非，而实则争胜负也，人心世道之害，莫甚于斯。所以，中国学术需要挑战者，需要陈胜吴广，需要唐吉诃德，冲破学界积弊，为学术推进清扫障碍。当然，这也不是想做就能做的。因为即便在学术上，挑战也是有风险、有代价的，如果坚持真理那么容易，谁还不坚持真理呢？真理，是一个好听的词汇，却不是好玩的东西，邓曦泽对现代古典学的强烈批评以及对公共儒学的建构，不但需要巨大的挑战勇气，还需要强大的学理支持。在这个意义上，邓曦泽不但是狂者，且是智者。

网络名人的当下选择

记得新浪博客刚开通，我就为自己注册了一个。博客从此成了最佳交流平台，编辑在这里选稿，我也通过博客结识了天南地北的朋友。偶尔不能按时更新博客，朋友们会三番五次地来电联系，了解我的近况；偶有情绪流露，大家也会猜测我身边发生了什么。一介草民的博客也能这般引发朋友们的关注，无怪乎作为歌手和公众人物的吴虹飞在微博上发表要爆炸建委之类的惊人之语后，会立即得到警方和民众的关注了。据媒体报道，这一事件引发了“网络名人齐聚央视新址演播厅，对话畅谈网络名人的社会责任”，可喜的是这些网络名人达成了共识：网络名人应承担更多的社会责任，传播正能量。共守“七条底线”：一是法律法规底线；二是社会主义制度底线；三是国家利益底线；四是公民合法权益底线；五是社会公共秩序底线；六是道德风尚底线；七是信息真实性底线。

名人之所以成为名人，是因为名人通过自己不懈的奋斗成就了一方天地。在我们这个崇尚成功的民族，名人会有不同地域、不同行业、不同程度的影响力。在非网络时代，这种名人效应可能因为传播速度的局限，拘泥于一时、一地、一行业而传播力不大；而今，网络名人的影响力则通过互联网，在弹指一挥间可能就能达到“樯橹灰飞烟灭”的效果。网络让名人效应更加明显，网络道德伦理自然成为公众和法律关注的对象。

其实，网络名人在网络上传播的消息很容易形成蝴蝶效应。因为网络名人的光环效应，众人对他们拥有一定的可信度，以至于让网民有了由此及彼、由表及里、由浅入深的想象效果。所以网络名人的话就很可能放大、变异甚至扭曲，常被一些善良的网民所折服，更会被投机钻营分子所利用。加之一些网络名人说话随意，喜欢冒天下之大不韪，有的甚至不惜以噱头招揽网民的注意，一时间，让网民难辨事件真伪，宁可信其有不可信其无，造成人们思想混乱，更有甚者，网络名人的不正常言论形成强烈的社会冲击波，干扰了人们的日常生活，有的还形成更大的舆论事件和纠纷案件。

上述网络名人所达成共守“七条底线”的共识，说明有更多的网络名人开始意识到自己的社会责任，让自己的言行恢复到基本的良知轨道。在网络飞速发展的今天，随着网络所涉及的问题增多，网络名人成分的复杂，地球村的快速形成，仅有这七条共识还远远不足以形成更好的网络环境。对网络而言，它能宽容地接纳每一个到访者，但对每一个到访者的言行都会有不同程度的反弹；网络这种高科技的传播方式，自然也有高科技产品的多重属性，网络名人依赖网络获得很大资源的同时，意味着他可能会经受一般网民所难以承受的更大风险。因此网络名人重要的不在于看别人怎么做，而是要深入思考自己如何做：靠准确定位去把握自我，别让虚荣迷惑了双眼；靠严格自律谨言慎行，别因放纵自己而骚扰了社会；靠以国家社会责任为主导方向，别轻易误导民众以偏概全；靠善良本性来温暖网络，别以玩酷来搅乱网络平静；靠诚信品质孜孜以求，别以大话套话忽悠网民。这样的网络名人网民喜欢，有利社会，鼎助国家。反之，搅扰网络成一池浑水的所谓网络名人，自己最终也摸不到什么好鱼，最后反落得身败名裂的下场。对网络名人而言，珍惜荣誉、珍重品格、珍爱人心、尊重网民和文字，才不会重蹈覆辙，才能与众多网民一样感受到网络所赐予工作生活学习之乐！

定点生活有益于作家成长

岁末年初，回顾我在过去的一年里参加作家定点生活的点点滴滴，还是有些许感动在脑海里转悠。按中国作家协会安排，2013 年，我分别到中国南车集团、北车集团和中国中铁深入生活，在短短五个月的时间里，我南北奔波，分别走访了长春客车厂、唐山客车厂和青岛四方机车车辆厂以及中国中铁的一些建设工地，我感觉定点生活这种方式的确是点亮作家心灯的一个平台。

在北车集团所属的长春客车厂，我深入车间，和一线的工人师傅们交流，这个厂子给我留下最深刻印象的就是工人师傅的创新意识。电工罗昭强本来不是高速动车组生产的主力军，但他善于钻研、苦于摸索，终于在动车模拟控制方面成为一位名副其实的专家。这位专家每年都有几项小发明，纵使遇到提干的机会，他也毫不犹豫地放弃了。在长客，工人们最喜欢说的一句话就是：我喜欢穿我们的长客蓝。那身长客蓝，在我们外人看来，只不过是普通的工装而已，工人们这样说，真实地体现了他们爱厂如家的心理。有个喜欢航模的青年人，通过航模航拍到厂子的全景，厂里专门给他做了展板；一位德国技术工人，看到带红牌牌的工人积极主动的工作，这位德国工人也非要加入这个组织，这位德国技术工人还娶了个中国媳妇，我采访他的时候，他对中国工人的创新意识赞不绝口。

在唐山客车制造厂，这个有着 130 多年历史的老铁路大厂，见证了中国铁路的发展史。我在采访中，似乎好像在历史的长河中穿梭。从中国第一辆蒸汽机车的模型到现代化的动车组，百年老厂焕发了它的青春。我和一位接线数万次没有任何差错的女工工长一起合影，她讲起她的小伙伴们练习接线的感觉，为了保证万无一失，在冬天也不带手套，小姐妹的手都冻肿了，有的女工怀着身孕也不愿意离开接线现场。他们期待着动车出生，就像期待着自己的孩子出生一样。当唐客董事长亲自驾车将因组装动车而推迟婚期的一对对新人奔驰在成婚之路时，这辆承载着唐客人最深远梦想的豪华婚车，瞬间成为永远铭刻在多少人心头的美好回忆！

在四方机车厂，我在国家重点实验室，听年轻技术人员充满激情和自信地讲解他们的创新过程，他们对高铁动车组的情感，是伴随着铁路的发展而升腾起的希望。在攻关的过程中，这些看似平凡的劳动者每天都在创造着属于世界的奇迹。他们闯过了技术封锁关，闯过了长大线路关，将高铁动车组的每一个细节精雕细刻，将长大线路对高铁动车组的每个要求融入设计，将全国人对中国高铁的想象加以融合，创造了中国高铁新的品牌和荣耀。与庞马迪形成竞争中有联合，联合中有超越的创新模式。四方机车工厂员工们的服装是暖色调的，在蓝天白云衬托下，我感受到一丝清新的力量。

在中国中铁工地，这个我十分熟悉的单位感受则更多。在很多高铁站房工地上，我看到一位朴素的像农村大妈一样的支部书记给员工炒菜；听到了一位来自大城市的项目经理如何在边关高铁站房坚守，为了解决技术难题而苦攻 BIM 技术；也曾到中铁建工集团的一个钢结构公司看员工们怎样为着宏大的钢结构站房制作与安装而绞尽脑汁，更从一位孩子出生两年了还没当面见过儿子的一线工人那里感受到了奉献的感伤。

坐上归家的高速列车，我的脑海里总会浮现出那些为着高铁发展而拼搏的可亲可敬的人们。他们平凡得像一棵草，集聚起来却成为巍峨的高山。我可以从动车的流线型车头上看到他们，也可以从车门关启的一个机关上找到他们，还可以从舒适的座椅上听到他们，更可以从设计新颖的高铁站房中感受到他们。这些平凡的人啊，点点滴滴如星火，众多星火簇拥成一个蒸腾起来的火球，给我们带来新的生机和希望。感谢中国作协为我安排这样一次定点生活的机会，我在平凡中找到了作家的动力推进器，唯有平凡才能产生不平凡的力量。作家永远在路上，生活永远在歌唱，平凡会点亮每一位作家的慧眼，让我们拥有更丰富的创作宝藏！

网媒理性与网民呼声

一个理性的民族需要理性的话语，偏执的言行带来的往往是偏执的结局，这已为无数国家和民族的历史事实所证明。

网络上隔三岔五就有一些夸张的负面信息，有些企业或地方获得了前所未有的被关注。客观反映行业问题本来无可厚非，但遗憾的是，一些网上见闻肆意渲染，无论语言还是评点方式都有恶意讨伐之意，让人不能不考虑个别网媒的话语目的。

比如，抓住一点，生拉硬拽，似乎这样才能一解心头之恨；更有甚者，网媒的一些片面信息不仅有量的增加更有质的变异，仅凭表象问题指责行业却全然不顾行业整体真实状况，这样做的结果无疑会给网民带来某行业一团糟的误导，让人对一个行业现状和未来发展丧失信心。个别网媒披露信息所引发的恶果不仅仅导致人们对某行业的种种担忧，影响网民的判断力，让有的网民由此大惊小怪，甚至有极少部分人借以攻击社会和国家，那就不是大家愿意见到的。

诚然，有一些行业问题由来已久，有的积重难返。但行业问题是个综合问题，带有历史的沉积，解决起来要有一个过程。

行业发展事关国家全局，只拿行业发展中的一两点问题说事，既不客观，也不公平。纵观新中国各类行业几十年的发展史，的确为国民带来了种种便利，尤其是近年来一些行业的突飞猛进，的确是为现代人改变生存方式提供了一个绝佳的平台。行业事故和不足的确应该引发多方的深刻反思，可因此抹杀行业的整体发展就太简单片面了。某些行业的亏损不仅仅是经营本身所为，某种意义上也是因为我们国家为人民谋利益的社会性质所决定的，有的企业为了惠及更多民众而牺牲自身利益，这种负债中含有历史沉积的成分，仅靠负债本身来单一指责行业发展就有些以偏概全了。

以运输行业为例，作为一个服务窗口，就应当在社会监督之下进入民众的评判视野，善意的批评总会让一个行业不断取得进步。笔者多次到运输企业调研，客观地讲，建设者风餐露宿、离家别子的奋斗精神的确令人震撼：几百万运输职工，半军事化的作业方式，几近苛刻的严谨管理，不高的工资收入，会让许多到场察看到实情的人为之动容。在一线的企业，建设者们孜孜以求的精神令人敬仰，有的同志年纪很轻就积劳成疾，有的同志永远离开了人世。网媒应当把目光更多地投向他们，追踪运输部门的主流发展方向，反映一个行业的真实历史，客观分析和评判各个行业存在的问题，提出更多的建设性意见，这是网媒应有的理性选择。

看个别网媒的指向，人们会感受到理性的缺失所带来的问题。在我们每天打开电脑浏览新闻之际，常常是刻意突出的负面信息扑面而来，这样的缺陷让人一目了然。

网媒不应当为了自身的眼球效益而忽视广大民众的根本利益和长远利益，不应该拿一些所谓前卫者的“前卫语言”和少数落后者的消极语言作“卖点”。在更多的人看来，网络不应该成为宣泄阴暗心理的隐身平台。我们虽然无法揣度每一个网民的发言心理，但透过众多网民的语言指向，我们或许能切身感受到多数网民的真正呼声。这些网民的呼声才是网媒所应关注的焦点。

如何在网民感性的立场上融入理性的成分，的确需要网媒运行者们思考。网媒的力量不仅仅体现在思想的敏锐、语言的前卫上，更重要的应体现在客观真实的信息上，反映大多数网民的真实利益和意愿上。网媒的声音不该是一两个精英的口才展示，而应该是众多网民的呼声汇聚；不应该是网媒编辑者的个人喜好，而应是融入理性哲学反思的大众话语；不应是满足于零星问题的片面解决，而应是着眼于眼前利益与长远利益的有机结合。

我们无法忘记人们思想混乱引发的社会运转失常，更不能无视国外一个虚假报道导致局部混乱的客观现实。网媒批评只有回到理性的轨道，才能更加公平地全面反映当下社会进步的主流及存在的问题，也才能引发民众理性地思考问题，让国民感受到生活的信心与希望。

只有网媒理性的反思，才会用平和的心态恰如其分地反映网民的呼声。相信广大网民希望看到的是蕴含着未来生机的理智评述。没有一个网民渴望未来的日月越过越差，因此值得提醒网媒运行者，要用社会良知引领网络健康发展。

对农民工要有多极关怀

一个获得社会关爱的人，他回馈社会的将是加倍的爱意。

我们对农民工的文化关怀首先源于一种精神上的平等。农民工是我们的兄弟，同时也是我们生活中必不可少的人，他们是构成城市运转的血液。尽管我们对农民工兄弟从20世纪80年代就开始呼吁尊重，但直到今日，他们仍然难以从城市居民那里获得真正意义上的平等。精神上的平等不仅仅止于一种称呼，更重要的还在于对他们日常生活中的尊重。

目前，集中打工的农民工兄弟获得了一种体制和机制上的尊重。譬如在国有施工企业施工的农民工兄弟，他们的工作环境得到改善、工资有了保障、工作中会得到重用和提拔。但不少农民工兄弟仍然缺少必要的文化娱乐活动，有的难以享受到正常的文化需求，他们急切渴望有更多的机会受高层次教育。如何满足在这些企业工作的农民工兄弟的文化需求，是值得国有企业思考的一大问题。尽管国有企业在这方面关怀的程度参差不齐，但毕竟有更多的企业在关注农民工的业余文化生活。有的工地为农民工配置了专门的文化、娱乐设施，还有的设置了图书馆，通过输送农民工短期培训，满足他们的文化需求。在一些企业，善于发现农民工中的文化骨干，选出一些优秀分子进行培养，起到了很好的引导作用。近年农民工诗人、作家的涌现，体现了这些企业对农民工文化的关注。目前的问题是，让更多地集中在一起的农民工享受到更多的文化关怀，并把这种关怀向农民工的家人——留守妇女和儿童延伸。在一些大型企业里，农民工兄弟构成了事实上的工作主体。我们没有任何理由慢待他们，更不能让他们的文化享受水平一直徘徊在低层次的看电影、唱歌上，应有更多层面的伸展。

那些散落在私企和其他经营片区的农民工，则是城市文化生活的盲区。繁重的劳动之余，他们期待拥有自己的文化生活。但据调查，更多的农民工看起来仅仅像是为老板挣钱的机器。没有人关心他们的内心世界，更遑论他们的业余文化生活。有的农民工尽管在城市里打工数年，但没有看过电影，没有看过歌舞剧，也没有听过讲座。生活在城市的他们，对城市的文化生活却十分陌生。在这种氛围里打工的农民工并没有因为自己在城市里打工带来精神的欢愉，当他们再次回到农村，所能描述给家人的不过是生硬的工作程序，城市文化的温馨之光并没有照到他们。

这部分农民工的文化关照，因为形式的千差万别，尽管难以统一，但并不是说，就没有关怀他们的空间。作为私营企业主，只要有心，给农民工送一个生日蛋糕、赠送一本书，与农民工一起欣赏他们的家乡剧目，也许就能改变农民工对这个城市的文化体验。作为一个雇主，对钟点工或者保姆的尊重，也许就体现在嘘寒问暖上，关心他们爱护他们帮助他们就足以让他们感受到城市的文明。对农民工的文化关照更需要所在城市政府的大力引导和支持。如为农民工营造文化广场，吸引农民工参与重大文化活动，为农民工营造城市夜校，帮助他们解决子女的入学入托问题，传授农民工更多地在城市生活的技巧……这些都构成对农民工文化的一种切实关照。文化关怀看似神秘、远大，其实就存在于我们对农民工的态度上，对农民工的体贴上，对农民工未来出路的拓展上。

城市进程的加快势必会促使农民工队伍的加大，一个城市的文明是综合文明的体现，必然涵盖农民工的贡献。一个获得社会关爱的人，他回馈社会的将是加倍的爱意。因此，关心农民工兄弟，就是关心我们的城市。文化关照不是可有可无的东西，而是入心入脑的东西。对农民工的文化关照体现在各个层面，既有企业单位的社会责任驱使下的对农民工兄弟的制度性关怀，也有政府从体制机制上、公共设施配套上的大层面关怀，更有我们生活在城市的每个公民对农民工日常生活的体恤和照顾。农民工作为城市的弱势群体，他们的文化欣赏习惯的改变需要一个长期的过程。在未来的岁月里，必定有一部分农民工会永远留在城市里生活，我们关注今天的农民工就相当于关注我们明天的自己。何况城市本来就由历代农民工付出了艰辛的劳动，我们所能做的，就是和他们达到互融、互让、互尊。无论是思想交流还是物质依托，农民工兄弟应该拥有和我们一样的文化关照。

城市离不开农民工兄弟的世代贡献，农民工兄弟需要城市文明的滋养。城市的文明链条总是在宽容的接力中不断完善，只有加倍弥补对农民工兄弟文化关照的不足，才能营造出和谐的城市，文明的薪火才能传递得更加久远。

注重发挥知识型农民工的能动作用

农民工目前已成为国有施工企业的主力军，农民工素质的高低直接影响工程质量的优劣、施工进度的快慢、施工秩序的稳定。对农民工的管理除了整体政策的引导、社会的关注、日常管理制度的创新和倾斜外，注重发挥知识型农民工的能动作用十分重要。

知识型农民工主要是指具有一定专业技术才能和长期管理经验的农民工，他们一部分直接来自于大中专学校的青年民工，一部分是长期自学成才的工程技术人员，一部分则是长期从事工程管理的脱胎于“包工头”性质的管理人员。

知识型农民工在农民工中所占的比例约为 8% 左右，却具有非常重要的导向作用，是农民工队伍的核心群体。注重知识型农民工作用的发挥，已经成为确保工程质量和社会稳定的重要环节。

1. 注重发挥知识型农民工的技术引领作用。

知识型农民工在农民工中占的比例虽小，但作为管理的中间力量、技术的排头兵，工程项目的成败与这些农民工的关系密切。项目管理人员要想保证项目的稳妥建设，这些知识型员工就成为承上启下的桥梁。通过广泛引导这部分员工进行到位的培训，让其尽快掌握四新技术，更好地掌握现代化管理手段，才能让这些农民工带动更多的农民工学业务、比技术、赶任务，以老帮新，以强带弱，消除技术管理中的盲点、现场管理中的误区。

农民工队伍文化程度悬殊，单纯靠国企的管理人员进行管理容易造成管理脱节和技术交底的不到位，要充分发挥这些知识型农民工的工作积极性，并引导、督促他们及时将掌握的技术理论、管理知识传递到每一个参与施工的农民工之中去，进而通过他们严谨、负责的工作态度带领和影响更多的农民工，保证工程施工的有序可控。

2. 注重发挥知识型农民工的安全示范作用。

知识型农民工之所以是农民工队伍的中间力量，在于这些农民工富有知识、掌握技术、积累了很多安全生产经验。他们的言传身教将起到事半功倍的效果。特别是一些经历过重大施工项目的农民工队伍的管理者，传统的经验做法虽土犹新，对安全管理十分有效。

知识型农民工对农民工队伍的管理能紧贴农民工的工作技能实际，能摸准农民工的心理需求，在管理中的实施效果将会更好。很多施工单位的事故不是出在制度上，也不是出在交底和没有安排上，而是发生在对一线农民工的管理脱节上。这些知识型农民工则是民工安全管理的黏合剂，靠他们切实到位的安排，辅之以到位的检查和督促，安全生产才能万无一失。

3. 注重发挥知识型农民工的文化领先作用。

知识型农民工在农民工队伍中都相对具有较高声望，具有人格魅力和号召力，他们的言行也多为其他农民工所效仿，这些知识型农民工代表了农民工中最先进、最时尚、最有代表性的文化追求和品味趋向，农民工的文化需求在这些知识型农民工那里能得到满足。国有施工企业在从事农民工管理过程中，要适度把握这部分知识型农民工的文化爱好，适度培养和引导他们的文化嗜好。

近年来，农民工队伍素质已大不同于20世纪的农民工，大部分农民工都具有一定的文化知识，农民工队伍逐渐年轻化，众多的信息沟通渠道和各类时尚文化都会影响农民工群体的文化生活。项目管理团队在设计项目文化时，要审慎把握农民工兄弟的精神脉搏，注意发挥知识型农民工的引领示范作用，靠他们来影响周围的农民工自觉接受先进文化的滋养和熏陶，通过网络、图书室以及开展健康的文化娱乐等活动，培养广大农民工自觉接近高尚文化的熏陶，打造一只健康向上的新时代的农民工队伍。

4. 注重发挥知识型农民工的稳定促谐作用。

农民工的家族性、地域性和爱好统一性，近年来虽有所改观，但没有根本的改变；施工项目周边环境的千变万化很可能诱发群体事件的发生；管理中的错位也可能引发农民工队伍的骚动。

知识型员工凭借个人威望和学识，时常在工作中起着平衡器的作用，国有施工事业在项目管理中应该注重发挥这些知识型农民工的稳定促谐作用。靠他们的威望影响人，靠他们的经验说服人，靠他们的情怀打动人，让农民工队伍保持自洽性稳定，这种稳定的效果最持久。

总之，知识型员工具有法律意识，渴望政治上的权利、经济上的收获、文化上的认可。在管理农民工队伍的实践过程中，发挥好这些知识型农民工的作用，通过他们更好地吸纳、采集和代表广大农民工的基本诉求，有助于更好、更直接、更现实地为农民工解决实际问题，让农民工的利益切实得到保护。同时，要注重选拔优秀的知识型农民工加入国有企业施工队伍，从而充分体现对那些长期以来为国有企业发展默默奉献的知识型农民工的尊重和承认，为国有企业的自身发展带来更大的人才活力。

第七篇　书　评

歌者的乐音

和云南诗人爱松在作家班认识，他清雅中有一点羞涩，是未脱青春之气的洒脱，略带有家乡口音的谈吐让你滋生探究他的好奇。在参加联欢会时，他执意选了《童年》作为小组的合唱歌曲，在整个排练期，这位操弄吉他的歌手，充分展示了他的音乐天赋，指导着全组同学逐句演唱着催生童心的歌谣。当杂乱无章的哼唱变成整齐划一的乐音，爱松对音乐节奏感把握与后来我读到他诗歌时的感觉极度契合。日常生活中的爱松平静、自然、唯美、贴实，与大家相处得十分愉悦，诗人恬静的心情某种程度上奠定了他诗歌的基调。

读爱松的诗是在认识他一个月以后，先音乐而入的方式让我对他的诗歌有了另一种认识。爱松在刚参加完诗刊社第三十届青春诗会之后赠送给我一本诗集《巫辞》，薄薄的诗集装帧很雅致，捧读起来备感亲切。作为一位具有中文和音乐专业背景的诗人，爱松的诗歌之美首先展示在他对诗歌的精挑细选上；加之他多年文学编辑的历练，让他的书具有清晰的图画感，仅从诗集的目录上就能感受到爱松诗歌的清晰线条。犹如浑然的黄土沙漠，好比云贵川山区的层层梯田，视角上就给人强烈的对比感，祛除了一般诗集的暧昧与朦胧。他将全书目录分六辑，每一辑的内容集中而浓烈，共分巫辞、时光令、母亲书、人间词、故土、暗影六部分内容，令内在的逻辑统一性和表现形式的灵活性获得完美的结合。譬如在母亲书里，他以时间为纵轴，从六点写起，写了一天中母亲的一切。这种既以时间为线索，又给人更多的空间想象的编排让母亲书具有了时空跨越感。而在巫辞里，爱松的目光则是以诗人为中心的亲情同心圆；时光令则以二十四节气的名称为题，具体又富有整体感；而在人间词的选择上则倾注于对现实生活的感想，好像一曲长调中舒缓的叙述；

而在故土一辑中，对故乡诸多物事的描写充满回忆的清香；暗影则提供了另一种格调的叙述方式和精神参照。整部诗集选取的诗歌不过八十六首，但却给读者纵横驰骋的美感，时光穿越的洒脱，敏锐感受人生沧桑的悲悯情怀和深入思索的况味。

爱松的诗歌首先来源于他的自然感知。在《父亲》一诗里，诗人这样写：我和你，就像我和你 / 并肩穿过晋虚城石寨山 / 留下的影子，一个是透明的坟墓 / 另一个，则是漆黑的天空。作者所描述的意向在展示父子的许多象征性的东西，在这似有却无的描述中，哲学意义上的生与死被爱松的诗歌阐述出更多的意义。整首诗歌浑然天成，看似写父子，其实在描摹普遍的人性，诗歌的通感效应正是来自于这种个体与整体的联合上。

优雅的生活或者对音乐的爱恋让爱松的诗歌具有一种特有的灵性。而在《惊蛰》一诗里，诗人这样描述：有一种金属 / 不在地上行走 / 而在地下埋葬 / 还有光存活它的梦 / 还有影，游离它肌理 / 隐秘的节奏 / 诚如我诸多渴念 / 许多年，许多人 / 在你看不见的地方 / 下着，黑色的棋。客观地讲，以具体的节气作为名字作诗，很容易陷入具象化的描述。而这首诗写得富有更多的超越具体意象美的诗性。诗歌的表达有时具备抽象派画家作画的特点，但这种抽象不是生硬的拼凑和无端的眼神，而是紧扣具体物事的合理延伸。我们能感受到诗人在这首诗里所给读者的金属的质感。诗人的描述和思考化作诗句的过程，也是作者思想深化靠语言和细节感受读者的过程。诗人在这里通过细腻的描写和大胆的想象，赋予每个节气以更多的精神承载，在爱松的诗歌里，俯拾即是。

爱松诗歌有别于当下平庸诗人的特点在于他在追求一种秩序下的风韵。爱松的诗歌富有歌者的特点，语言干净、意象唯美，音乐节奏感呈现在几乎每一首诗歌里。事实上，好的诗歌应该是秩序约束下的随意书写，而不是在散乱中追求诗歌的秩序。正如一曲完美的歌曲，内在的韵律指挥着肆意的表达才能让一支曲调具有更好的穿透力。在母亲书一辑里，《二十四点》里诗人写道：风湿痛 / 渐成母体依赖 / 寒水成疾，漫过身体 / 搓洗血管 / 骨髓 / 神经 / 搓洗时间 / 搓洗堆积太久的坚硬 / 柔弱 / 反而成为一种阻碍 / 刺破肌肤而出的 / 原来只是一滴之伤 / 可化解大海 / 化解梦境 / 化解，汹涌之敌 /

吞下药片之苦／吞下耳鸣回荡的／漆漆大钟。诗人看似以不经意的方式描述出母亲的平凡与伟大。诗人的描写功夫无法像散文一样随意，更不能像小说一样讲故事，语言的简洁和干净十分重要，爱松很好地把握住这一点。

天才的诗歌具有神性的光辉。而在故土一辑中，诗人的描写更加带有度量人性的温度，和其他诗人所表现的方式不同，爱松在这一辑里，将更多的目光透视到故土寻常的物事中。在《象山有风》这首诗里，诗人的艺术感觉和其对故乡的饱满感情完美结合在一起，诗歌的画面层次感油然而生：象山有风／把八一地头桃花催开了／把老三满园葡萄酿熟了／象山有风／把枝头上的小鸟吹大了／把地洞里的鼹鼠鼓肥了／象山有风／把父亲腰身不断折弯了／把母亲额头慢慢叠皱了。在接连的相似描写之后，当意象叠加到读者渴望转换镜头的时候，诗人灵巧一转：象山有风／把春天扑倒在夏天／把夏天搀扶进秋冬。具象化的生活体验过渡到生活的更广区域：象山有风／把野草削尖成利刃／把孤坟垒建为城堡——诗人将看似平常的物事描述成精神的象征，将历史与现实对照，筛选出文化的血脉、诗性，达到了一切景语皆为情语，而情语中则完整地把景物的内在气质与作者的精神抵达舒展开来。

爱松的诗集，给人歌者的乐感与哲人的神思，当诗歌超越了激情，重新回归到理性书写，诗歌本来的面目才不会沦为简单的热血展示，才能在读者心中长久留存下来，或许这是诗人爱松给我们最好的启示吧！

英雄悲歌

刚拿到报告文学作家郑旺盛的书《震撼日本列岛的中国英雄——花岗暴动与中日民间索赔第一案揭秘》（以下简称《中国英雄》）就有一种莫名的冲动，这本沉甸甸的书稿封面设计直抵主题，一位旷达富有正义凛然之气的老人图像向读者打开了往事的记忆……让我迫不及待地打开它。

这是一本记录战俘抗争的书。本书记载了抗日战争时期，日寇将战俘和劳工押往日本秋田县花岗矿山做劳工，真实记录了这九百多人抗争、暴动、死伤五百六十六人的不屈历史。真实展现了中国人民在那场战争中的奋斗和生存在屈辱环境里的抗争情节。展示了日本发动的侵略战争所给中华民族带来的惨祸，展示了中国人的铮铮铁骨和热血气质。

这是一本记录英雄悲歌的华章。和郑旺盛单独记录的《中日民间索赔第一案》历史事件不同，这部作品是为英雄画像的史诗。作者向我们描述了民族英雄耿谆先生热血男儿的一生，凛然正义的一生，为民族争光，向侵略者讨还血债的一生。作品从卑鄙判决入手，从东京法院有失公道的判决写起，拉开叙述英雄的序幕。出身书香门第的耿谆先生家族在战火扰乱中败落，作为热血男儿，耿谆毅然决然投笔从戎。在日寇的铁蹄之下，一个英雄没有实现战场上为国持续杀敌的意愿，却在一场战役中成为一位随后承受无限耻辱的战俘。当在青岛码头跪拜祖国的那一刻，被押往日本的英雄仰天长叹的举止里埋藏着出自求生本能的无奈和暗埋心底的挣脱精神。当一群在异乡别国的囚徒备感思乡的痛苦时，流下来的是泪水，积聚起复仇的怒火。日复一日的身体折磨和精神煎熬，让中华囚徒渴望挣脱的黎明到来。而作为领头羊的耿谆，终于发动了一场轰轰烈烈的暴动。当暴动失败，大多数囚徒成为日寇刀下之鬼时，英雄耿谆面对狰狞的面孔，正义凛然的为中华民族儿女的利益抗争，铮铮铁骨令人扼腕叹息！抗战胜利后归国的耿谆，没有忘记在日本屈辱的历史，用一生的时间追逃血债。与其说他在为九百多人的具象人群追债，不如说他在为一个民族追债；与其说他在为中国的屈服抗争，不如说他在为世界和平呼喊。英雄的一生在抗日时期是悲壮的，在做囚徒时是悲愤的，而在其后追债的过程中则是悲思中渗透着悲凉的，当英雄以悲悯世界的心境遗憾离世时，英雄的悲歌还在持续……

这是一本引发民族沉思的作品。我们这个民族是个伟大的民族，当历史成为历史，历史的伤口要不要深刻记忆？作家郑旺盛通过一个英雄人物不断抗争的一生，向我们提供了一个最好的参照物。当受到外族入侵时，多少中华儿女为了祖国母亲的完整，为了家国亲人的和平生活，贡献了一生的力量去顽强争取。抗战时期的叛徒和怯懦者显而易见，而在当下打着各种名义的民族叛徒何其多哉！在经济大潮中最容易消失的就是民族的气节和热血气质，最容易忘却的就是历史的伤痛。从某种意义上说，当下对历史的沉思尤为重要。郑旺盛的这部书无疑是引发读者进入深层次思考的记录英雄气节的好书。

这是一本警示中华民众的醒世书。忘记不仅仅意味着背叛，忘记往往是另一种悲哀的开始。当有人惊问：假如今天再有外族入侵，我们身边的叛徒是不是比抗日时期更甚？因为更多的崇洋媚外者已经忘记了民族的伤痛。更有甚者，有的学者竟然叫嚣盼望不如当年日本在中国胜利。混乱不堪的价值导向使一部分人失去了自己的灵魂！一个民族的悲哀不在于一场战争的失利，而在于精神脊梁的坍塌。英雄耿谆通过其一生言行唤醒了我们心底的良知，一种为荣誉、尊严而战的家国情怀荡漾开来，让你滋生一种神圣的意象。在整个民族的价值取向发生变化，在新生代早已忘却甚至以反叛的眼光诠释历史时，郑旺盛的这本书无疑起着警示标的作用。前事不忘，后事之师。历史往往惊人的相似，反思是自我提高的开始，是民族进步的理性力量。

这是为民族呐喊、盼望国家未来强大、呼唤民族热血沸腾的书。作家郑旺盛的热血气质始终融入整本书的创作之中。当国家在受辱之时，需要民族英雄；当身陷囹圄之后，需要不甘屈辱、顽强抗争的英雄之气；当面对卑鄙者的龌龊伎俩和丑恶嘴脸，需要英雄剖析到位、引领整个国家乃至世界人民对法西斯行为的声讨和警醒，需要对整个人类和平的呼唤。而作家无疑在整部书中向我们展示了这样一种不仅展示英雄追求一己之求，更是追求民族之思，乃至世界和平的精神血脉。

郑旺盛对报告文学的到位把握在这本书里随处可见。作家在整部书的架构中，既有主要精神骨架的搭建，又有枝条细节的延伸。依据时间的经展示空间的维度，具有结构搭建的力学审美。在事件中推进人物性格的发展，在人物塑造中展现世界的真实面目。

到位的表达源于对题材的熟悉和深刻的挖掘。作家对英雄人物的描摹是从细节开始的，而细节的展示体现了作家超凡的观察力和对整个事件的深入挖掘。不仅仅体现在作家和被讴歌的英雄耿谆二十多年的私人交情，而在于作家对英雄整个精神世界的关注；不仅在于对每个细节的到位描述，更在于对细节所勾勒的、悬挂的大爱质地。英雄之泪，不是为一人而流；英雄之思，不是为一个群体所思。即使英雄落难，也始终不失精神之美和追求之韧，这正是作品所展示的道义沧桑所在。

人物刻画得成功源于将国家、民族大爱与英雄细节展示的完美统一上。如果一个报告文学作家把英雄写成一个概念化的英雄，那这位英雄就失去了生活的真实和艺术的感染力。作家郑旺盛巧妙地将细节的刻画统一于自己所要描述的主题之中。作者没有把一个英雄写成生活中的强硬面孔，而是在万般柔情中展现英雄的精神气质。作者深情地把英雄耿谆描述成一个令人可敬可亲的诗人书法家，写他在东京作证时，为狱警吉谷留下笔墨并谈笑风生，此后发生在英雄老人身上的文化交往、传承让我们感觉到英雄的儒雅之气。十年文革，英雄被打成反革命，仍然保持着一个达观之人的心境，仍然对生活充满了信心；直至耿谆老先生一口气将《奉告书》宣读三遍的细节，都让人对作家刻画的执著老人顿生钦敬。作家对英雄几次日本之行的细节刻画更是细腻入微，让我们感觉到一个立体的英雄，满足了整部书情节推进的需要，也满足了读者多元审美的需要。

报告文学作家应该还原历史真相，将民族情感融入创作激情之中，并在激情叙述中以理性的裁刀刻画人物。郑旺盛在整个作品的描写叙述过程中，不乏通常报告文学作家的激情，他与英雄同呼吸共命运，起承转合中尽显英雄气色，跌宕起伏里饱含对英雄的情谊。但作者没有因此而大肆铺排，而是围绕人物和事件的发展精裁细剪所得到的素材，让我们从中既感受到主干之清晰，也体会到枝叶之绿意。理性的克制和密切的关注相映衬，是成就报告文学作品的秘诀所在！《中国英雄》无疑是做了这方面的成功实践的。

渔俗文化血脉的探寻

——《远古的桨声——浙江沿海渔俗文化研究》浅析

在鲁迅文学院学习期间，有幸认识了来自浙江沿海的作家黄立轩，这是一位谦和的研究者，在《远古的桨声》还未出版之前，立轩即将这本书的电子版发给我。作为报告文学作家班的同学，窃以为立轩的这本书一定是报告文学集，立轩曾要求我为此书作评，出于对体裁和题材的陌生感，我未置可否。

打开电子邮件阅读后，果不其然，要写出名副其实的评论，于我，确实力不能逮；但作为一名热衷于学术的研究者，我喜欢黄立轩这本书的探索精神。据立轩介绍，该书历经他近十年的资料搜集和苦苦思索，呈献给读者的是一份厚重的文化力作。

该书首先是一部学术研究之作，作者精研细究之后，对浙江沿海渔俗文化的发展脉络有了更深刻的梳理与分析。作者不仅向我们展示了“亘古不绝”的文化脉络，向读者介绍了河姆渡文化遗址，马家窑文化遗址和良渚文化遗址，介绍了先祖的迁徙步伐，对造船历史、船饰渔服、渔乡建筑、民间舞蹈和戏曲、曲艺、工艺美术、歌谣、渔乡风俗进行了全面的介绍。该书的可贵之处在于作者对每一部分都进行了条分缕析。细观立轩君的剖析之道，可以感觉他搜集资料之广、甄别研究之深，作者颇具资深研究者的严谨之风。我是一位建筑工程师，仅举立轩君第三章“令人惊叹的渔乡建筑”进行分析。立轩在此章旁征博引、纵横古今、饱含情感地叙述起紫阳街的千年古韵、石塘的渔村石屋、妈祖文化的圣殿，还有“海疆都会”以及祠堂文化、凉亭、石窗，并对临海桃渚古城、王凤楼作了更加详尽的介绍，我虽钻研了大半生建筑工程构造，也叹为观止！黄立轩的探究之细、之实、之全令读者钦敬。

这是一部闪烁着文学光芒的历史散文。如果说历史需要民众了解，该书无疑是最好的了解渔俗文化的经典佳作。作者首先是一位以文学立身的作家，其文风之自然、朴素，让僵硬的历史涂上更多文学的色彩，作者以一位文学作家的悲悯情怀和叙述格调，让历史在语言叙述中生动起来，让我们感知到渔俗文化竟然如此丰富多彩。如其在“回荡山海的苍南渔鼓”一节中对鼓的描述假如从全书中分离出来，活脱脱就是一篇优美的散文。如夏夜树下的故人闲话，又似朋友们冬日炉火前的促膝交谈，而不是冷格调地叙述历史。作者有时庄重、有时诙谐、有时引经据典，既给读者以清晰的历史脉络，又让读者在阅读中饱受到文学的陶冶。

这又是一部具有创新意识的报告文学。作者的笔下既有渔俗文化贯穿古今的宏观发展脉络，又有对渔俗血脉的整体报告，通观全书又以让人涌上历史与现实互相融合、推展未来与当下关系密切之感，视野宽泛之大不限于渔俗文化的定位之固，报告历史之状可谓宏观大气；从微观而言，其文字的艺术感染力融入语言的叙述和细节的描写之中，在“越陈越美的黄杨木雕”一节中，作者的笔墨功夫可见一斑，作者既让我们感受到黄杨木雕之来历，又细叙黄杨木雕做法之精和成品之美，细节之美成就章节之张力。

通篇之中可见作家起承转合安排之妙和对所描述事物的深度把握与文字展现的精致统一。纵观全书，可知立轩君将一部学术之作打造成兼具历史散文和报告文学特点的力作。作家化繁为简、化涩为润、化史为文的探索精神开拓了历史散文和报告文学的疆域。

每当外出，立轩君喜欢拍照，他身负中国作家协会会员和中国摄影家协会会员双重身份，其对色彩和语言的双重把握让我们在其书中得以多重领略：贯通的文脉支撑起清晰的历史，文学语言丰富起作品的血肉，而兼具的学者气度与浪漫情怀让这本书成为学术文学双色融合的扛鼎之作。立轩的探索不仅是对传统创作体裁的挑战，也是自我创作的超越。诚然，在作者探讨书写的过程中，偏重于学术的描写多少还是给读者一种沉闷感受，这或许是在转型期写作的立轩君所呈现的探索之憾吧！相信立轩君会在今后打破文体的藩篱上做出更大的探索。立轩的探索再一次说明了文本革新的重要性，任何固定的概念和僵化的构思都会损害学术研究和文学追求的品质，所幸，阅读立轩的作品，让我切实感受到改善创新的重要性。

唯美的抵达

——陈茂慧散文诗与诗歌赏析

作为曾经的同事，一晃进入京城已经有五六年了，加之在济南铁路局很少与陈茂慧见面，我对她更多的是一种关注。一则源于青年时代对诗人们的崇敬，再则因为对茂慧这个铁路诗人才女的兴趣，还因对整个山东诗人群的关注。综上者三，让我时常捧读陈茂慧的诗歌。这个从四川考入铁路学校后分配到济南铁路局工作的诗人，在她的胸怀中既藏有巴蜀文人的清俊，又带有齐鲁文人的厚重。茂慧和本土的诗人不同，她一直给我一种熟悉的陌生感；在山东，曾有一段时期，我狂热地喜欢耿林莽老师的散文诗，后来接触到其他散文诗人，再后来接触到灵焚等诗歌评论家，对诗歌达致一种如梦似幻的迷离境界，以至于当茂慧将她的散文诗集《荼縻到彼岸》交给我看时，我还是有些惊喜。耿林莽老师在该书序中对陈茂慧的评价十分中肯。在北京，金秋时节，与茂慧相处过一段愉悦的学习时光。对其诗及人，从远观到近视，终于有机会和这位早就认识的女文友进行交流了，让我真切感受到了走进诗人精神领地的那份快乐。

在谈及陈茂慧的诗歌之前，要对陈茂慧与我曾经一起工作过的文学环境做个介绍。铁路作为一个大企业，虽然没有煤炭等行业对文学那般看重，在大一统的管理模式下，文学的组织与传递值得宣扬。在济南铁路局工作时，那张对开小报《铁道工人》最后扩展成对开大报《济南铁道报》，其副刊所起的培养文学作者、聚集文学力量的纽带作用，历届副刊编辑对企业的文学发展功不可没；路局的文学刊物《先行者》也曾给我们这些初学者以更多的发表园地。客观地讲，对初学者而言，现在看来这些刊物和阵地不过是文学初学者游泳的小平台，但这些小平台所给文学爱好者的激励是巨大的；

回忆起当初那些引路人我都心存感佩。也正是在局属文学报刊和文学活动中认识了陈茂慧，那时她在铁路分局多种经营系统工作，她撰写了大量诗歌和散文诗，那是属于青春的文体；我那时则在铁路工程队书写杂文和散文，排解工作的紧张与劳累。没曾想这些青年时代“作之余”的爱好，奠定了我们今天的文学追求。

陈茂慧所呈现的这本《荼蘼到彼岸》，也是铁路局文联组织编撰的系列文学书稿中的一部。这本装帧看上去并不美的书，让我这位与茂慧一样整天忙于工作的业余作家，感到十分亲切，假如我所在单位仍在济南铁路局，这样出书的机会之于我恐怕没有。一则因为我的才气达不到茂慧的境界，再说铁路上分系统划片程序严格。在工程口，有李常福和沈明他们，远远超过我所抵达的境界，靠企业公费支持出书怕轮不到我，这不是谦虚和吃醋，而是想陈述一下陈茂慧在济南铁路局创作群体中的才气和地位。因这些原因，我对陈茂慧的散文诗集几乎是以虔诚的心态逐一拜读的。

在我的记忆里，茂慧对散文诗和诗歌的追求是独到的。《荼蘼到彼岸》这首散文诗，是该书的代表作品之一。作者从中透出了对散文诗的唯美追求，从形式到内容，从真情到哲理，从孤独到解脱。她寂寞地吟唱：谁的指甲嵌进了灵魂的软肋？母亲的子宫里，那些毒瘤比生命更顽强。

在一咏三叹的跌宕中，诗人咏叹泉城的莲花：

种子在上，是谁目睹了种子的沧桑？

在泉城，明湖中，一池莲叶在天光映照下，拒绝与污泥同色、同乐。粉的、白的、红的莲花，瓣瓣清香绝尘，将生命之光喧嚣。

稻香舒展，虚掩的门在风中摇晃。

谁的身影，打开了命运的视线？果实，站在彼岸。顺着时光的流水，你一路芳华，荼蘼……

和诗歌的单纯、简练不同，散文诗的美可兼具散文的自由和诗歌的精粹。我一直在猜想陈茂慧为何喜欢选择散文诗这种文体，或许是这种文体适合她的品性和文学追求。茂慧的性格是内敛的，和我所接触的善于表达、激情四射的四川人大不相同，茂慧的品质可能带有流浪者融入各地人优良品性的特点。因为善良与内敛，诗人颇有些敏感气质。这能从诗人的诗作中一览无余。她在《一个人的冬天》里这样咏唱：一只火狐，受伤的火狐，在冬天的原野里奔忙，用决绝的姿势追赶幻影。努力地靠近城市，靠近它以为的温泉。诗人在这里描绘了一种孤独感，一种在城市中的挣扎与形而上的抗争。在诗人的作品里，一个人与世界的对抗、妥协、倾听幻化成美轮美奂的诗行。诗人的散文诗与其说是对现实的咏唱，不如说是诗人的避难所。诗人在这里找到了她的精神寄托。物欲充斥的环境我们无法改变，就去拓展我们的精神领地吧！让我们再来看作家所写的另一篇散文诗《从一扇门到另一扇门》：

从你的门出来，走向另一扇门，与命运密切相关。

我的心，贴近季节的容颜，细数每一片落叶的哀伤，收捡夜晚的每声叹息，重读真伪难辨的呓语或誓言。

他们说：门，机关重重！

怀揣盘根错节的心事，走在异乡的土地上，一挥手，将方言远远地抛在身后，不是为了玫瑰，也不是为了忘却。

我将思念的藤悄悄延伸，透过地气的引导，慢慢接近你，触觉似乎已抵达你了，命定的另一扇门！

在现实与梦境之间，在希望与虚无之间，在门与门之间，无数的脚在奔忙，无数的目光在探寻，无数孤寂的灵魂在祈祷。

诗人的描写超越了具象的控制，幻化出哲理的深思。诗人和所有离开故乡远到城里生存的知识分子一样，她在看似规律的物质世界里混乱着自己的精神排序。思乡的情愫与生活的拍打留给她的不仅仅是水一样的情节，更多的还是眼泪、雪或者冰的姿态。正像作者所言：流动的水，自由、奔放、不羁。从不为谁停留。思想的奔放和现实困扰往往让自己的行为方式构成一种悖论。散文诗之于茂慧更多的或许是获得灵魂升华和思想解脱的一种方式。以至于她在这本书的跋里这样写道：我的轨道，只有上行没有下行。不可能迂回，也不可能有复线。在北方的十二月，我坐在这城市的一隅敲动键盘，冥冥中，是谁在主宰着一切？让我的泪在这一刻溃不成军。作为诗人的茂慧，在完成书写的那一刻，思想的虚无接踵而至，对人生的慨叹胜过对诗歌本身的积聚。

这本散文诗集集中了陈茂慧散文诗的代表样式，也从一个侧面反映了茂慧的写作现状和生活状态。作为一位在异乡漂流的女子，生活的感伤最容易加重诗人的敏感，而诗人是最感性的动物。在茂慧的诗作中体现更多的是孤独、寂寞、惆怅的情愫，略带哀伤的唯美追求让茂慧的散文诗带有川端康成《雪国》般的淡淡哀伤。也许是《雪国》在青年时代给我留下太深印象的缘故，每当读这部作品，我都会陷入哀伤与沉思之中。茂慧的散文诗契合了我的这种感觉。如果诗人的情绪一直陷入这种观照主观内心的写作惯性中，失去的不仅仅是亮丽的天空，丧失的或许是自己的诗歌领地。我倒是真诚地建议茂慧君能走进更广阔的诗歌领地，进行更宽泛的诗歌探索。相比之下，在鲁迅文学院陈茂慧创作的《这一天》颇有点突破的意味，但作者常年的写作习惯所带来的语言惯性与思维固守，损失掉作者智慧的闪光和对现实美好一面的真实抚摸：这一天，神鸟已疲倦／它低头，摘下自己的羽毛，一片一片／覆巢已冷。时光隧道中，俗世的焰火／明灭变幻，一滴水穿过十一月／余烬，露出森森白牙／这一天，神沉默／人间的穷途末路与它无关——／落叶最后的灿烂，水在岸的怀里最后的狂欢／送葬的纸花在秋光中沉浮，蛇要进洞／灯油耗尽，陀螺越转越慢／人间的美，它允许，自生自灭／两千多场演练，上万次移形换位／这一天，她也已经厌倦了等待／铁水都熬穿了鼎。青春的筹码／多么不确定，长剑所指／势如虹，江山是谁的江山？／日暮。南山端严／她不再沉默，这一天，她在呐喊／她在不停地诉说——／万物无邪，万物生光辉。

我一直固执地认为：生活远远比诗歌重要。如果诗歌能让一个人更深入地恋爱生活，我想这样的诗歌之路没有让诗人走偏；假如诗歌让一个诗人在获得仅仅属于自我的精神享受，而诗人的俗世生活每况愈下时，我不认为这样的诗歌追求为正途。尽管有众多的诗歌理论家支持后一种诗人的追求，但于我这个局外人而言，观照诗歌以外的灵魂注定会成就诗人灵魂的伟大。对茂慧这个多年老友，这样的话，但愿不会给她带来心理上的不快或刺激。很快，茂慧就要回到她所在的那座美丽的城市里开始如旧却新的生活了，我相信这次京城炼狱，会促成一个崭新的诗人之花绽放在齐鲁大地上，老友会在京城默默地为她祝福！

旅者的诉说

其实每个文人对待诗歌都有别样的情怀，青年时代我也曾和许多文学爱好者一样，喜欢写一些分行文字，以为那就是诗歌。接触了一些知名诗人之后，不再敢言诗，只有躲在诗歌圈子之外欣赏诗歌，因为我深深知道，写诗是需要灵气的。也许是心底的这份渴求，促成我从更多的诗人那里获得了文学的滋养和生活的力量。沉静的诗人王黎明、诙谐的诗人路也、在生活中穿梭的诗人郜筐、柔情如水的诗人阿毛，还有深蕴哲理的诗人灵焚……他（她）们的诗歌令我神往。迷茫时读读诗会感觉到一丝亮光；无聊时吟唱，会感觉到充实；沉闷时读读，会如释重负。中国之所以拥有那么多爱诗者，我想一是因为人世间充满了各种疑问和困难、落魄和感伤，需要诗人去表达，需要人在生活的过程中去沉思；另外就因诗歌这种简洁的表达形式，可以非常直接、简洁、形象地传递一种情愫和象征，这是小说和散文两种文体所不能抵达的。如果从更宽泛的意义上而言，有十三亿人口，便有十三亿诗人。因为有时孩子也会把“噫吁戏，危乎高哉”演绎成当下的网络语言，进而衍变成诗歌。诗歌之所以难工，就是因为在其创作园地里鱼龙混杂、良莠不齐。我曾在山东见到一位老诗人，诗集出了一大摞，读其诗却如同嚼蜡。诗歌的门槛很高又很低。新中国建设时期，“对着太阳抽袋烟，拽把云彩擦擦汗”的诗歌，当时一读会很兴奋，现在想来这样的诗歌所给人的就是空妄。

正因如此，诗歌界的分野十分明显，各类诗派云集，似乎互不服气。但仔细分析起来，诗人之诗，无非三种：一种是自我精神的抒发，这类诗人追求的是精神的自我，或者是当下难以实现，众人难以寻觅的精神境界。这类诗人大多狂放不羁，思想和行为都呈现一般人难以理解的情状。达到极致者甚而转为哲人、殉道者。第二类诗人是写实主义者，这部分诗人忠实于生活，在诗歌中还原生活，让诗歌记录历史，也让人生涂满诗歌的色彩。这类群体的诗歌虽然少有思想者的狂放或者前者所具有的普通人所认为的疯癫，但这类诗人多成为生活的真实记录者和诗歌的拥趸，他们的诗歌有的间或有诗性的光芒，但更多的是生活的暖色。第三类诗人是附属在政治潮流后的小舟，勇闯激流者，能留下感动世人的佳作；浑水摸鱼者，则成为历史的玩偶。此外闲情偶寄型的诗歌或者断然把分行文字硬化为诗歌的诗歌，实在不便做更多的描绘。

看过王清玉的诗集《旅者》，我按惯常的私下分类方式，权且把王清玉的诗划作第二类。也许有人认为第二类诗歌会劣于第一类诗歌，其实这多少有些误区。假如第一类诗歌是参禅悟道的诗人在寺院道观所写，第二类诗歌中不乏大隐隐于市的高人。所悲的是，人们大多注重在第一类诗人中搜寻歌者，而往往忽略第二类带有生活原浆的歌者。对诗人而言，带有真正烟火味的诗歌才具有更久远的杀伤力。当我们今天回望古今中外富有影响的诗歌，这类诗人所留下的佳作往往成为我们生活中最纯美的食粮。因此，对执著于描述日常生活之美的诗人，我们应该抱以钦敬！

读王清玉的诗歌，你会感觉到她从生活之水中舀出来的原浆味道。这是我读王清玉诗歌的最初感觉，因为几乎每首诗歌都带着这位女诗人生活的印迹。无数首诗歌连缀起来，构成诗人完整的生活轨迹。众多的碎片化记忆构成一幅巨大的图像，每幅看上去都是那么动人，诗人善于讴歌春夏秋冬，她也描绘故乡的一切，似乎生活中的万物都能化作她笔下的盛景；诗人的情愫随着日常的游离延伸、扩展，笔力所及处沾着生存的意念和更多的伦理阐释，如她的诗歌《留片风景给自己》所言：时常自己装着很洒脱／把灌铅的双腿交给山水／暂时成为快乐的轻风／任波光在江面上粼粼地推／无须让细浪变作美丽的天仙妹妹／也不用山羊学着鹧鸪鸟儿翻飞／只准许那只小黄狗／把垂涎的口水往树梢上缀／只准许洗日光浴的小花猫／握着棉絮把袅袅的炊烟迷醉。通过这首诗歌，诗人的创作路径显而易见。朴素的生活场景的描写充溢着作者的诗心，支撑着作者诗歌的意象之美，但也可从中看到诗人在锤炼词句中的缺失，如“把垂涎的口水往树梢上缀”其实“垂涎”就是“口水”，诗歌固然需要重叠，但此处的重叠就露出了作者对诗歌的洗练把握不够精到。

诗人是一位女性，其诗歌带有女性诗人的细腻与慈情。在写《太极湖上》：每次的每次，遇见水／总免不了会激动／看那潋滟波光／闪烁跃动的银鳞／在眼睛里延伸、拓展／和身体内的骨头血脉相融／与灵魂里的渴求希望对接／找到一滴水的光亮原来如此亮／一湖水的色泽原来如此清／一条河的灵性原来如此久／泛舟太极湖／不小心周旋于汉江的一个豁口／这母亲河，女人河／她的温柔／一次次将我覆盖淹没。在这首诗里，我们能清晰感受到诗人的女性视角和母性情怀。只不过在描述水波时的语言不够精湛，多少影响了太极湖之美的深刻表达。

诗人追求生活中的意象之美，在“大地女儿的倾诉”这一辑里，诗人选取了自己的一组散文诗。我在早年阅读散文诗时，总摆脱不了泰戈尔的散文诗所带给我的那种淡淡的忧伤诗韵，更喜耿林莽的那种铺排的大度和严谨。而清玉的散文诗则给我们另外一种味道，犹如湖南人喜欢嚼食橄榄一样，她把生活之美嚼食出散文诗之《收割》：

板仓在笑声中锤黄了秋天。

金黄金黄的谷粒啊，我的血肉，我的骨头，多么饱满，多么厚实，多么香甜。

原野里，大脚板，大手掌，大草帽，大铁镰，连起了那么宽广的稻田一畈又一畈。

远望处，净蓝的天空下，金黄的原野里，我的家乡啊，多么美丽，多么灿烂。

显然，在清玉的这类散文诗里，是对环境原生态的描写，还没有升华到更深的境界，但从中能读到诗人的纯净与用笔的理性。和众多生活诗人相比，清玉对情感的节制突破了地域性格的限制，这对一个诗人是难能可贵的。但从诗人整个的书写来看，意象的嫁接和语言的张力还把握得不够好。一个优秀的诗人，要善于学习借鉴古今中外伟大诗人的佳作。反复锤炼自己的佳作，从清玉的诗歌可以隐约感觉到诗人的阅读面还不够宽泛，诗人的视野和占位还停留在一个女性诗人的基点上，多了些矜持和谦虚，少了些旷达和飘逸；多了些原汁原味，少了些提炼包装。这也许是我对这位女诗人的苛求吧！因为诗歌的受众会受阅读层次的影响，清玉目下的诗歌已经拥有了不少热爱者，即使不追求更深层次的表达，这种对朴素之美的追求因为蕴含着更多的真情诗意，也不失为诗歌百花园的一处美景！

以旅者心境做一个诗人，应该拥有旅者的好奇与心力，这需要心胸和视野的宽大，需要包容和博取的品质。诗人在旅途上的行走，既要有追求目标的责任感，更要有感悟、享受、剖析当下过程之美的心机、醉意和勇气，唯有求大美之心，才有惜小美之意。希冀清玉在追求美诗之路上，始终是一个执著的旅者！

此生为梦 来生为狐

——江雪散文赏析

山西作家江雪送给我六本书，我先粗略翻阅了一遍，也许出于对散文的热爱，我更看重江雪的散文集《来生为狐》，也愿意为这本散文集拉杂写一点什么。

文学常被言是无用之学。在欲望城市里生活，作家靠文学为生是最拙劣的选择。说文学无用是相对于传统的生存之道而言的。针对这个竞争激烈的时代，文学处于生物链的低端，靠文学寻求生存之灿烂，被生活证明是不现实的，所以众多的作家在生活中多表现出动荡、漂泊或者无奈之感。生活的现实性曾经让很多作家呈现出思想的屈服和向现实的妥协上。经济越发达，对文学队伍的清洗就越彻底，文学与经济的背离就越强烈。而更多假借文学名号出现在橱窗论坛上的所谓文学开始被现实所胁迫或者强奸。

文学又是大用之学。这是因为文学承载了更多的符号，更多的意象之美靠文学，滋养心灵靠文学，了解历史的丰富性靠文学，展示人性的多元性靠文学，传递国家、民族间的文化经络靠文学，对科学调整靠文学，对哲理凝练靠文学，对人性塑造靠文学，对时代忠实记录靠文学，对嗜文学如命的作家更需要文学本身。你能说文学无用？

散文是随性的文体。我始终认为散文是最能显示文人与时代交融的文体。散文的随意性几乎就像我们日常的生活状态，任何人都可以写散文，任何题材都可以纳入散文，散文长短不限，对所有的写作者一视同仁，可以涉猎自然世界和社会各个领域，能让作家的个性张扬自由舒展，也能让作家体会到自由穿梭于各种领地的快感。

散文又是收心的文体。散文的随意性可以接纳万般写作者，但散文的散却不是散乱无度、缺乏秩序的，散文高手的写作实践告诉我们，眼纳万物以心为定，情起四海以岸为附。所以优秀的散文作品有一种内在的向心力和可靠的向度，这构成散文魅力之所在。散文是最富有承载的文学样式，它更倾向于一种真实的心灵诉说，一种客观的体验或观察。正因如此，散文语言的多样化空间也为我们营造了散文之美的多重探索的可能性。

江雪散文的美质在其真。她在描写父亲时写道，因为自己的父亲是一个残疾人，她羞于让别人知道自己的父亲是个残疾人，而父亲对自己无私地疼爱让作家心生忏悔之心。我想，从农村走向城市的所有人似乎对穷亲戚会有隔膜感，羞于引介自己穷朋友的大有人在。而作家通过父亲爱之细节的描写，会引发读者类似的细节体验，对人性之丑予以深刻反省是散文作家表达真实生活的最基本手段。江雪在她的散文里，能够让我们清晰地触觉到她忏悔的心跳。而在《一个哑巴的快乐》中，作家向我们展示了一个不会说话的修车人对正常人日常简单的乘坐公交车所感受到的那份欣喜，作家由此感悟到好多人生深层次的东西。而在更多的描写父亲与母亲的场景中，这种真切的表达更为明显。但是，作者想陈述的人物在细节的完美上还有一些欠缺。真是基础，不是散文表达的全部。散文的真要求对生活真实的深切表达，唯有深刻，散文的真才能丰盈起来。

江雪散文的意蕴在其情。作家是喜欢游历的动物，也是善于感知周边物事的动物。江雪是个敏感的作家，生活中的风吹草动和自然中的诸多物事，都会引发她无尽的联想。这种联想所带给作家的一方面带有感性的幸福与哀伤、彷徨与惆怅，另一方面可能会削弱或者隔断作家的理性思维，而真情的闪光会遮蔽理性的不足。作家农村生活经历的苦难、卖菜和水果的历史、北漂的生活磨难以及后来在文化部门任职的阅历，构成了作家最原始的生活底色。这种带有原生态眼光而又不乏城市审美的视角让江雪的散文创作所表达出的真情实意，有别于在一个固定的环境长期浸淫于生活惯常轨道上的散文作家。她的真情表达带有对人情世态通达的解读以及抵达一定思想水准的刻意反思。江雪在散文里所表达的对亲人的念想和对社会上底层人民生活的描写与议论，无不充满深情厚谊。散文家的心是否坦荡如砥，决定散文家的写作走向和作品品质。江雪所展露的真情，是储满了文学色彩的真情。江雪散文的真情描写遗憾之处在于散文语言的筛选不够。散文虽散，但其文学性要求语言的精致、精准、精确。散文大家王鼎钧先生的散文之所以深受读者喜爱，撇开其表达方式多样不谈，语言的精湛最为重要。江雪的散文口语化描写太多，有时候略显拖沓。我比较崇尚短句子，欧化句子会让老人喘气不匀，小孩读起来影响生长，还是言简意赅好些！江雪在语言的简化上还要多些精雕细琢的功夫！

江雪的散文追求时刻在寻觅抵达属于自己的领地。此生她以文学为自己的追求梦想，好像一位猎人，不断扩展着自己的疆域。不断完善着从形式到内容的改变，她送给我的六本书中，可以看出她的写作路子似乎很宽泛，但客观地讲，她对散文的驾驭超越其他文体。犹如一位打惯兔子的猎人，让他捕获老虎可能需要更多捕猎技巧的转换。而在对散文的追求中，江雪可称道之处就在于将寻常的物事渐渐写向空明，这是散文所要达到的灵魂重归内宿的最高境界。在《来生为狐》里，她写道：来生为狐，化一只山野的，灵性白狐。在擦肩而过的遗憾里，可以化一个君喜欢的清秀女子，为君弹一曲《高山流水》，看君沉醉。可以在无边的寂寞里，点燃红泥小火炉，烧一杯清茶，或剪烛西窗，桑麻共话。而此处作家所幻化的“狐”所面对的“君”是彼岸，是圣境，是仰慕者，是一种虚无或者梦境中的梦境。其实这段如梦如幻的感觉也可以为江雪的文学艺术追求寻找注脚。无论是体裁的开拓还是写作技巧的转换，对江雪而言都需要在“来生为狐”的追求里追寻或抵达狐的境界。

江雪的文学意念更多地向我们诠释了原生态文学的现实生命力。近年来，我一直专注于对原生态文学的研究并十分关注原生态文学作家。所谓原生态文学其实就是追求自然主义写作路线、不虚伪、不做作、不饰雕琢，真实描述、真实书写、返璞归真地表达真善美的写作路线，所呈现给读者的作品能跨越时代和民族的藩篱。这些作品的特点在于通透感强，具有整合全人类共通的人性抵达为原则。巴金到晚年对自己的写作之所以总结出“不说假话”的经验，其实，从另一个角度，阐述了文学所遵循的最基本的规律就是归真于事物本质的真实。但原生态文学追求的本质，不是现实生活的直接翻版，而是具备忠实于现实表现的作家以一颗理性的心、多角度观察的眼光来展示的生活之美、人性之善、艺术之妙。它不拒绝政治，但反对政治笼罩文学；它渗透哲理，但不用哲理掩盖文学的光辉；它亲近生活，但不是把生活的所有摊铺开来，而是萃取生活的精华，还之以精致、雅观。古今中外能传之千古的作品，都散发着原生态创作的醇香。如果一个作家自觉不自觉地接受了这种理论并运用于他的创作实践，他的作品就能给读者带来长久的吸引力和感召力。我想，我之所以能喜欢江雪这本在2007年出版的作品，就是因其所散发的原生态文学的特质。一个作家仅仅为了名利而去写作，为了迎合某种需要写作，他丧失掉的很可能就是文学最基本的品质。江雪在本部散文集中所展现的人情世态、个人所思和自然风景，具有这种追求的品位。或者说在追求原生态散文的创作上迈出了可喜的第一步。假如沿着这样一条道路写作，她将来的作品未必能以获奖为荣，但我想一定会给不少读者刻下深深的印痕。获奖的诱惑扰乱了当下文人的神经，以至于不少文人为了追求文学的所谓功用或附加值而失去了文学最初的本真。我对江雪后期的报告文学和与当下众多报告文学作品所不喜欢的情绪里，其实藏着我的一份对原生态文学创作的喜爱情结。因为我相信，真正的文学是需要经过时间淘洗的，当我们抛却学院派与实战派之争，将目光回归到心灵与现实的皈依时，我们的作品才会闪烁出文学的光芒。我对江雪散文的行文之散感之有余而凝神不足时，一方面切实感受到她作品存在原生态文学的基质，另一方面却也看到，正如这本散文集的装帧和厚度让我多少有些生畏一样，书本和语言的缩短腰身这种貌似形式之美的东西，其实和内容有着互为表里的关系。文章短而有力，不仅为读者喜爱，也是对我这般视阅读为畏途的评论爱好者最温情的考虑，也许在“减法”的掌控中，江雪未来的著作能给我塑造出一个“敬”字来，但愿江雪不会为我这样的评论乱语所迷惑，因为她有写出好作品的基质，世俗的穿戴或者强求其适应，是不会影响优雅女子的美貌的。一个人在追求文学的过程中，短暂的文学停顿或者处于瓶颈状态，是正常的；重要的是作家不能丧失掉文学的信心和对文学真谛的把握，因为真正的文学需要的执著与智慧。圈子的认定不过是文学路上的小插曲而已。文学无须为自己标榜什么，写作让写作者完成了一次生命的体验这就够了。高楼大厦的主人和田野村夫不必互相鄙夷，获得即失去，文学在悖论里一直寻求解答，现在如此，将来也会延续！

黄土地上的吟唱

——蒋殊《阳光下的蜀葵》赏析

蒋殊将她出的第一本书《阳光下的蜀葵》送给我时，正是阳光洒满小院的午后。金黄的银杏叶在树枝上炫耀着太阳的力量，一如美丽的来自黄土高原的女子蒋殊的笑容，给人一种温暖。书读到一半的时候，才警觉起来：这个外表文弱的女子，文字的质控力超越我所感知的生活中的她。

文字几乎全是故乡的，四十三篇文章记载的都是有关黄土地的文字。那人、那事、那片土地，在阅读中，你的双眼面对的是一幅逐渐展开的画卷。一层层、一片片、一束束，令你目不暇接。在作者饱含深情的叙述中，我随她一同寻找着属于高原的记忆。也许是我自小与蒋殊有相仿的经历：父亲在外面工作，母亲在家种田；蒋殊与我不同的是，她一直得到爷爷和奶奶的暖爱，而我则从小没有见过爷爷奶奶。这种相似的经历拉近了我与蒋殊所叙述的一切人与事的距离。

蒋殊的绘人状物具有原生态的质朴美。在作者的第一辑“那些人”里，作家清晰地记录了身边的亲人。无论是奶奶、姥姥、婆婆、姑姑等女性亲人，还是爷爷、父亲等男性亲人，在作者的笔下，都泛着生活原生态的滋味。作者以白描的方式，似叙家长里短的方式完成了对亲人的描写，但因了对每个亲人的细腻感觉，让人读起来心动不已。而其中对亲人的描写不乏臧否，即使是对日常俗事的描写也充满了别样情趣。她在描述姥姥的坚韧时，有这样一段议论：

有一种爱，不是说出来的，不是赤裸裸做出来的，是用一种看似坚硬的方式，慢慢穿透你的内心，帮助你成长。也许，多年以后才能读懂；也许，永远无法读懂，但爱就在那里。

遗憾的是，姥姥的爱我懂得太晚，以致，我只有以这样的方式，在这样的夜里长久地遗憾，长久地怀念。

姥姥若活着，我一定会请大夫给她装满牙齿，让他尝出饭菜的味道；如果时光倒流，我会在每一个放学的傍晚等在教堂门口，搀着姥姥从凸凹不平的小路穿过漆黑的夜回家；如果时光可以重来，我一定，一定会懂事一些，帮姥姥洗一件衣服，熬一锅稀饭。

正是作者在对坚韧的姥姥一生经历的遭遇刻画了之后，作家的这番议论才显得那样荡气回肠。早年丧夫的姥姥和中年丧子的姥姥传承下来的是不屈的家风，作家对姥姥的回忆注入了值得整个民族推崇的坚强品质。

作家对爷爷的刻画也是成功的。优秀的作家不仅仅在于描述真善美本身，而在于化腐朽为神奇。作家描写小时候的“我”如何调皮地周转于爷爷和妈妈、婶婶之间，让严肃的爷爷露出生活的另一面。在男女有别、长幼有序的封建家庭里，爷爷的威严代表着生活的支撑和家风的传承。当“我”作为一个不谙世事的孙女在某一天发现了一个大人不能言说的“放屁”事件时，生活的时空一下子出现了尴尬的味道，而十分童真的“我”勇敢地指出了“肇事者”就是我的爷爷时，传统的伦理状态和生活平衡被这一尴尬的情景所打破。读者能从“我”的自不以为是恶作剧的恶作剧中感受到洋溢在婶婶、妈妈脸面上的快乐和爷爷通红的脸上，也正是这种真切的细节描写，让我们感受到亲人之间的那种温馨之气。作家高超地将一个生活中的俗事升华成一个温暖人心的故事，采用的是“以丑扬美”的表现手法，叙述自然、通畅，不露一丝赞美的痕迹，给人一种审美快感。

作家写自己与亲姑姑的情感细腻入骨，而在《一地落红》里对庄邻李姑姑的描写更是一篇成功的散文佳作。文中作家对石女姑姑一生悲悯的描写读来让人唏嘘。生活的真实带给我们现实的苦难，而对苦难的控诉或者哀婉应该是作家不可回避的责任。蒋殊在这篇散文中所透露出的善良心地正是一个散文家不可或缺的品质。作者还写了一个悲剧人物小山，这个有些憨傻的乡间人物，毕生为家人、为他人奉献，他的死是否会唤醒在生活中心灵日渐麻木的人们？

在“那些事”这一辑里，作者的描写更胜一筹。《往事若莲》写了少女时代的作家一段美好的情感故事；《雪的记忆》写自己出嫁的经历，刻骨铭心；《老屋》中一切透着鲜亮；而对农人秋天里的描写，写对故土的感觉，蒋殊的感受则更有不同于以往的感悟：

一生耕作在农田，却主宰不了天，主宰不了地，主宰不了那些收成摆上市场的价位。他们在可以有主宰权的有限空间里，把自己累得伤痕累累。

唯其如此，我才更加深沉地爱着那片土地，爱着，那片土地上的人和事。

而《水边旧事》风趣幽默地叙述的生活点滴会让人忍俊不禁；而在《总有一些事难以启齿》中的“我”曾被老师误认为偷枣小偷，使得作者很长时间害怕看到枣树，作者对此进行了理性反思：在一个“恶劣”的年代和一个恶劣的环境中，偷或者被偷，就是地狱和天堂的区别。

该书的第三辑的代表作《阳光下的蜀葵》堪称该书的代表作。作者描述了生长在故园的一种家乡人叫“崛起花”的花朵，它们虽然不被人重视，但成为故园最好的点缀。蜀葵犹如生生不息的百姓，也是家人生存的写照。在这篇作品里，作家的叙事、状物与说理熔为一炉，景物中默默隐藏着作家的情感，叙事里饱含作家对老屋、故乡和黄土地的喜爱。当蜀葵消失，犹如我们当下看到在城市里消失的乡土与乡情，作者的怅惘之情暗合了人们回归田园的梦想。作者对老房子和老井台的描写，情绪宣泄一脉相承，在与现实的对照中，作者的唏嘘其实充满了对往事、真情的怀想；作者对故乡梨花的描写则更加丰富多彩，糅合了更多梨花以外的思索；写《婚宴》也是民俗的忠实记录。作家还写了故乡的庄稼、小花狗，闪现作家的细腻与温情。在作家眼中，一切都充满了情趣，写满了历史，即使到书的末尾，我们仍然感觉到作家意犹未尽的感觉。作家打算在未来的时光里描写更多的故乡，有这一本书写故乡的书做底，相信作家的文思会越走越宽。在本书中，作者精挑细选了一些图片插在文本里，与文章所表达的内容相得益彰。

如果说作家在这本书里采用纯情笔调描写了更多的故乡风情人物，给我们以原生态质地的散文文本的话，其实作者在这种叙述中所流露出的破绽与不足也在这里。因为追求自然的书写，在语言的精炼和结构的精致上还有很多值得商榷和打磨的地方。真正的散文高手不是自然地描写一切而是在描写一切时显得自然，作家在语言与架构的锤炼与设计上还需要好好探索。作家需要一种自我否定的勇气，在结束了淳朴地描写故乡的阶段之后，应该把故乡的图景置于当下的更宽广的空间视野里，将故乡定位在动态的书写而不是静态的描述之中，让故乡与自身对比中、历史对比和更宽泛的环境对比中重新获得全新的定位。散文是自由舒展的表现，但这种自由和舒展仍然遵循内敛于心、外放于世的对比之美中。对散文的过分收束是一种损害，过分的放达也让散文失去了一种意境之美。更像散文的散文对散文意味着真实的扼杀。我们期待蒋殊女士写出更多优美的散文佳作来，奉献给养她的黄土地，奉献给具有民族缩微气象的亲人们！

一种草印象

——读曹忠义散文集《远处》

“在一个春天，我见过新草，那时它将两页嫩嫩的青芽，顶出地皮，像打开的微型书，到秋天时，那一片草色隐在秋风里，像一些失落的话。我的思绪拉了很长，长长的思绪引我望向远处……”曹忠义[①]新著《远处》里的文字引我进入一种境界。

我与曹君未曾谋面，通过一友介绍后成为网上交流者。他的文字素朴、纯净，读后犹如燥热天走近甘泉，捧而饮之，顿觉爽利。他加入“中国原生态作家群”后，似为“围观”文友，缄默得像一株草，聆听着由远处吹来的风，他在感受当代原生态作家的那份勤勉与执著、理念与实践，感悟着自己与其他作家的差异，在理性的反思中自我砥砺。他言语诚恳，话少而有力，我约略感觉他是沉静善思者。

《远处》是他第一部抒发个人情怀的文集。正如序言所言，书名取了“草色遥看近却无”的意思。“人生的景致有时也类乎此，当走了长路回望时，往往能约略想起那些路径”。这部回望之作，正如作者的昵称叫“一种草”般耐人寻味。他既羡慕芳草，也仰慕劲草，更愿做原生态的草，草根的草，草民的草。这“一种草”眷恋着春天，绿成海，烧成火。《远处》恰如曙光闪耀在海平面上，清新而热烈。

《远处》共收录137篇文章，达28万字的容量，凝聚了作者二十余年的心血，分为八辑。其中虚设、笺帛分别为小小说和书信，

---

① 曹忠义，昵称“一种草”。“一种草”与其名姓谐音倒装成趣，作者喜其易滋易长；喜其若有若无。1962年9月生于甘肃通渭，20岁后离乡，于天南地北蔓生时，根叶一脉皆入梦。有文学作品散见于《中国铁路文艺》、《人民铁道》报、《甘肃日报》等。现供职于中铁电气化局，居北京。

其余皆为散文、随笔。最长的不过 5 千字，短的则千余字。开篇言辞如老友闲谈，娓娓道来，于尽兴处切入，于悲伤处说来，于莫名处宣示，于开门处见山，抓人眼球、引人入胜。匠心在不经意的书写，导引阅读者的百般回味。追求雅致之文浸润着书卷气；追求土气和生活气息的篇什，用家常话书写，土与雅相融，花儿、青草和泥土相合，顿觉自然。作者善于绘景状物和捕捉细节，寥寥数笔，各类什物人影，便跃然纸上。写人记事，贯穿多维感人意绪。语言节奏感强，随情结延展铺排，渐渐将读者带向远处，阅读者欣赏到的交错景色层层递进，清新中含有爽朗之气。

“20 岁后离乡，于天南地北蔓生时，根叶一脉皆入梦。” 曹忠义于 32 年前便离开乡梓之地，文集中写故乡的文字寥寥数篇，已足以将游子的梦里故园摇曳得多姿多彩。文集第一辑和第三辑，集中书写亲情、友情，细腻情感中饱含的酸甜苦辣，一咏三叹，令人意绪繁复、数度哽咽。第二辑随笔书写女人男人，纵横捭阖，高论迭出；漫笔陇中方言把“我”唤作“个”的困惑与发现，虽为一家之言，却妙趣盎然；由发育时乳头痛的现象谈人的成长，得出“生活是由无数的痛组成的快乐”；由吃喝的滋味，谈嗜好说文化，轻灵的笔触总闪射着思想的火花；他以显露为题，讽刺某些露阴癖，于文化层面进行挞伐，笔墨酣畅，令人叫绝。整个文本透出众多诸如鲁迅、沈从文、张爱玲、孙犁、贾平凹、杰克·伦敦、莫泊桑、伊萨克·巴别尔、芥川龙之介、川端康成、村上春树文风的印痕。

曹忠文曾在中国中铁电气化局当过工人、编辑、办公室秘书、宣传干部、史志工作者，他几乎始终没有脱离书写。公书之余的个性化写作，都是从双休日、各种节假日和可资休息的时间里，挤水似的一点一滴挤来。他从田野和工地走来，对大地和工程怀有天然的眷恋，笔下总缱绻着对乡土、项目的喜爱。回望乡村、深入工地，他学会了静思默想；将生活、工作中的所思所感，精心采撷，便形成了妙文。第四辑和第五辑则以散文、小小说的形式呈现给读者。二十余篇小小说文字优美、构思奇特、感情真挚，值得摩挲玩味。几篇游记则清新自然，不落窠臼。第六辑选入作者 20 世纪 80 年代至 90 年代的几则书信，尘封历史，读来感同身受。《远处》的语境虽透着淡淡的忧伤和悲悯，但让读者在忧伤时蓦然发现曙色，有浴后重生之感，心灵跌宕后赢得难得的轻松和释然。忧伤中缠绵与委婉，流露出作者情愫的繁复与多维审美追求，爱与希望相裹，当下与未来伴生，端出一盘创新大餐奉献给读者。曹君五十而知天命，阅尽世间沧桑后仍心存善意、诚意，让《远处》呈大爱之光于世，给读者更多思考的空间和参照的样本，相信曹君今后的文学创作之路会更加优美宽广！

秦红岭笔下的建筑文化

——评《她建筑》与《城魅》

喜欢和秦红岭一起高谈阔论的一个最主要原因在于她的真诚与爽朗。因为真诚，她敢说别人不敢说的话，敢直言当今社会的一些弊端而毫不掩饰，敢针对学术中的一些思潮毫不避讳地去陈述自己的观点；因为爽朗，她能愉快而通达地研究周围朋友的著作，倾听大师的宏论，研读伟人的著作，以超越一般女子的包容心态去接纳形形色色的文化，去做更多的跨学科研究。因为同是研究城市建筑的缘分，我们能经常凭借学术论坛的机会，一起研究建筑伦理，一起评述文艺作品，一起抨击城市之病。我对秦教授钦佩更多的首先体现在她本是毕业于中国人民大学的伦理学博士，后来却对建筑产生了浓厚的兴趣，将建筑伦理做成了很有艺术品位和科学味道的学问，每年组织的建筑伦理论坛会议都是有声有色。近年来，更是因为出版了系列的建筑伦理书籍而享誉学术界和建筑规划界。对那些负责城市规划的人而言，这位具有明显批判意识的学者所思考的问题，正是他们所苦苦不得求解的东西，以至于几个城市的规划者，兴致勃勃地请秦红岭教授去讲课。相对于她而言，我这个多年从事建筑专业而后又转向城市建筑人文研究的学子，多少显得有些捉襟见肘了！其实学问研究到一定阶段，是会达到触类旁通的境界的，而我在建筑界的多年浸淫，有了一叶障目不见泰山的感觉。学术的“城里城外”现象值得探究。我之所以喜欢秦红岭的著作，就在于她喜欢从实证出发，做洞幽烛微的考量，这就使得她的学术著作有着别人所难以抵达的学术高度。从另一方面而言，作者集多年对文艺作品的精读和做教师的历练，又使得她的文字去除了一般学术性作者的那般晦涩和拿捏，对学者而言，她的著作符合学术标准，处处闪现学术的底蕴和成色；对普通读者而言，她的作品也能给人带来容易接近、栩栩如生的全新感觉。学术作品与文艺作品的结合构成了她著作的独特魅力。近年来，秦红岭带着她的研究团队，深入研究城市规划，一年四季拍摄北京的古建筑，条分缕析地分析建筑伦理问题，亦庄亦谐地搜寻有趣的建筑现象。我一直喜欢她在学术界的游刃有余的生存状态。近年来，作为北京市人大代表，秦红岭更加注重社会问题的发现和提出，让自己的理论创新点与北京的城市建设实践密切结合起来。我喜欢秦红岭教授的著作胜过对文学作品的热爱和对哲学著作的敬重，就像她的研究始终在搜寻中间路线一样，她的作品也在中间路线中找到了新的融合记忆。新收到她的两本书《她建筑》和《城魅》，心头多少还是一动，感觉有些话需要一说。

一、《她建筑》的艺术之思

这本书名为《她建筑——女性视角下的建筑文化》（中国建筑工业出版社 2013 年 3 月出版）。作为国家社科基金“建筑伦理的体系建构与实践研究”的阶段性成果，该书的出版无疑给我们带来了新的学术参照。作为一位建筑人，我们在日常生活中，经常看到或者听到与女性有关的建筑实体和故事，这些实体和故事蕴含了独特的建筑艺术现象，早被大家关注，但鲜有人对此做出更加细化的系统性的研究，本书无疑是对这一领域的系统贡献。作者显然经过精心的构思，在不到五章的简短设计里，围绕庇护与编织、禁锢与教化、灵动与优雅、共享与关怀、遮蔽与张扬等五个方面抽丝剥笋般层层展开，将人类建筑文化的发展过程进行了细腻而逐渐深入的总结。正如作者在引言中所说，该书“只不过温柔地邀请人们观察、发现并重新认识‘她’女性与建筑的相遇”，作者特意解释了“女性视角”：既强调生物性别、身体意义上的女性特征和女性经验，又关注社会文化形成的女性气质和行为方式。

作者在探讨女性建筑的同时，似乎更多地蕴含着建筑中对女性忽视的一种呐喊。作者认为从古至今，建筑与女性之间存在着一种“傲慢与偏见”。而她在本书中就试图通过一个个小小的切面，拨开各个时代的建筑迷雾，去搜寻原本属于女性对建筑的贡献。即从建筑本身来挖掘、体现、总结女性对建筑的影响、审美意蕴和艺术贡献，又从建筑师的女性身份给我们搜寻建筑设计的参与者的风采与贡献。作者之所以承接对女性之于建筑意义的挖掘，重点不是想发出异类声音，而是强调回复到建筑本源意义的阴阳调和且与自然实现互通。想让建筑回复到最本质的“家园气质”，成为满足人性关怀的自然之物、诗意栖居之所。基于这样的一种理念，使得本书不是一本猎奇之作，而更是对人生存本体意义和质量上的深刻探寻。

作者的探寻之旅从人类建筑的起源开始，叙述了早期洞穴所给人类的子宫一般的温暖、可靠，人类一直在寻求着建筑形式的变换，但人类最初的建筑功能直到今天也不可能去除围护的安全性。而早期女人的编织也为建筑提供了一种技术参照，正如今天的女性艺术家的孔雀造型乃至于弹奏的钢琴声音，都可以幻化为建筑造型的种种创新一样。而对历史文物的挖掘与开发，则透露出女性与人类早期建筑的密切关系。作者的分析注重史实的利用，不靠主观臆测而是依据实物和学者观点进行严密的逻辑分析论证形成独到的结论。在“禁锢与教化”一章中，作者则对宗法、礼制与阴阳进行了分析，从内与外的建筑分割强调了男女空间区隔的人伦意义；同时对中国古代建筑中深闺内院的女性空间进行了更加细腻的描写与分析，这部分文字中的插图也饶有风味地介绍了这一独特的建筑女性文化现象；而祠堂与牌坊则是中国传统文化对女性的一种独特教育方式，也成为中国文化的展示方式了。而在“灵动与优雅”一章中，作者则对中国建筑中的女性美进行了更加细腻的分析，分析了亭子的翼展之美，对西方建筑中的女性美的展示也进行了对比性分析；对新艺术运动中建筑女性美的分析和教堂建筑的立面女性美和内部光影的迷离分析，让我们看到了西方“梦露大厦”这类建筑对有突出影响的女性巧借形体的现实意义。在“共享与关怀”这一章，作者则对城市公共空间的性别格局、性别差异进行了展示和分析，并且以女性眼光对城市空间的性别意识进行了更加理论化的概括，话题涉及如何防范公共空间的犯罪问题，以及如何注重公共空间和公共建筑在细节设计上更加注重性别敏感和人性关怀的问题。甚而关注到对女厕这一现实话题的深度研讨。公厕的设计的确折射出当代建筑设计者对女性的人性关怀的缺失。而在“遮蔽与张扬”中则让我们感受到女性建筑师的光彩。她们中间既有时代的开拓者，也有被男性光芒遮蔽的女建筑师，还有遨游建筑天地间的华人女性，其中特别提到了林徽因及其侄女林璎的贡献，通过分析这些个性张扬的女建筑师，展现了她们的自然魅力和神性光辉；而通过对塔尖上的舞者的分析让作者一同与读者回答了“为什么没有伟大的女建筑师”的问题。《她建筑》给我们展示的就是女性与建筑美，女性与建筑功能之间的关系，女性作为建筑参与者的诸多贡献。这本书作者本身是一个女性，以女性视角，写她建筑，给我们一种学术与审美的双重享受。在艺术之思中，这部学术著作馈赠给我们精神的愉悦。合上本书，假如让我去写这样一本书，可能会变成一本风趣的科普读物或历史纪实，会增加很多女性与建筑美有关的名词解释或者艺术图片，而会失去一本书的理论价值承载，秦红岭教授独辟蹊径，让这本书在对比中前进，在对女性的关注与审视中深化，在图文共赏的意蕴里穿行，在深刻的分析与实例的描述中让我们完成对女性建筑的深度审美。作者凭借深厚的建筑伦理知识和深刻的学术见解，引导读者由浅入深，曲径通幽，渐入佳境，让我们感觉到建筑本身的奇妙、建筑伦理所应关注的神秘之处，更让读者为建筑历史对女性的关注之少扼腕叹息，也为当代女建筑师的辉煌成就而感到欣慰。《她建筑》既可作为一本研究建筑伦理的学术著作，也可作为建设者的技术警醒之书。作为一名建设者，看了这本书，心头增加的更多是要在自己未来从事的建筑里，真切体现对女性的尊重与关怀？

二、《城魅》的学术魅力

我在近年参与秦红岭教授的建筑伦理相关学术会议时，发现越来越多的学者开始关注建筑伦理问题，作为一门研究建筑与人、建筑与自然、建筑与建筑之间关系的学问，建筑伦理为我们更好地规划城市、建设城市、管理城市提供了富有指导性的理论体系。几乎每次学术会议，学者们围绕城市建筑实例、现代城市凸显的建筑问题、古建筑的保护以及未来城市建设该如何进行建设等学术问题进行探讨，都给我耳目一新的感觉。而对秦红岭教授而言，她一如既往地关心城市建筑的规划，更是从宏观的状态体现了对一个城市的总体关注和未来展望。同样作为“建筑伦理的体系建构与实践研究”的阶段性成果，《城魅——北京提升城市文化软实力的人文路径》给我们展示的正是从宏观角度规划北京城市文化软实力的一本佳作。秦红岭在建筑文化的探讨上一直坚持追求着属于她自己的独特风格，记得一年前我曾经读过她的一本《城默——北京名人故居的人文发现》，现在又看到这一本新著，正是前一本著作思想的延伸。据作者介绍，未来还将有一本《城逝——北京建筑文化遗产保护的人文观察》面世。显然，正如一个作家向世界进行宏大叙事一样，作者搭建了一个城市文化再造的平台。最近在读王军先生的《拾年》，王先生对北京城市古建筑的飞速消亡备感心痛，而通过秦红岭教授对文化的再造与关注，让我更加切实地感受到一个知识分子的拳拳报国之心。

这本书的学术氛围似乎更浓烈一些，记得三年前，我曾经在极度痛苦中，完成从阅读文学作品到学术论文的语境转变过程，而秦红岭教授的著作，学术的晦涩之感荡然无存。作者在这部著作里，同样分五部分对城市的文化建设之路做出了更多的阐释。作者沿用一贯的笔法，对古都北京一流的建筑文化遗产进行了总括式分析，既是礼制秩序的“理想国”，又具壮美秩序的“魅力线”，更有古都风貌的 “文化魂”。作者这种铺垫式写法让我们充分感受到北京城市之美，古城不时在遗留下的古建筑群中泛出文化之春，让后人敬仰和学习。而在第二部分“特色之都：文化规划与北京市城市形象塑造”中，作者向我们展示了北京市文化规划的限定以及提升北京市文化软实力的规划模式和形象塑造过程；而在第三部分“文化风景：北京城市空间的人文建构”中则鲜明地提出了城市公共空间文化价值和人文建构的重要性，同时对公共空间的文化营造与公共艺术的成功介入进行了剖析；在第四部分“文化强市：北京城市文化空间的营造”中，先是通过对城市公共文化空间的调查结果，引入提升北京公共文化空间软实力的对策，同时又从艺术区的发育看到北京城市文化空间的营造，这一部分从宏观到微观，从理论到实例对北京文化软实力的提升进行了更加综合的分析；在第五部分“走向宜居：北京城市形态的人文定位”中，作者对城市形态的价值评判标准、对城市形态问题进行了更深的人文反思，对北京城市形态的人文定位最终体现在宜居、和谐和人性化上。作者的立论显然从更多层面提出了让大家深入思考的东西。

我更喜欢把《城魅》这本书看作是一种文化导向的书，但作为城市之美，因其不同的地域环境、建筑特色、文化氛围而构成一个城市的特色。这是天地人的合一，也是城市建筑历史与现代的结合。一个城市的发展要想获得永久的艺术魅力，需要的是历史的传承和现实的打造以及对未来的规划。对当今世界各大城市而言，雾霾弥漫和交通拥挤，混凝土森林和水资源缺乏，文化贫乏与人心割裂……似乎成了城市流行病，而改变这一切的根本所在，在于我们的人文意识。有了这种人文意识，我们才能增强对古建筑的保护意识，对现代城市病的综合治理，对未来城市的绿色打造。本文著者更多关注了从人文层面对一个城市软实力的贡献，而缺少技术发展对人文构建的当代影响的分析。事实上，当今世界科学技术的飞速发展，一方面让城市规模迅速扩大、城市高楼林立，但另一方面也为城市人文建设提供了更多的可能性，科学的双刃剑效应完全可以平衡或者支持人文生态的改变，作者的这本书，限于篇幅或作者的经历，对此涉猎不多，是让读者略感遗憾的。我相信在作者的下一部书中，能注意到技术对现代城市破坏的同时，请利用或凭借技术的另一面，还城市人文生态的真正改变。而对城市建筑规划的人文内涵则应有更深层次的解读！

现代城市的飞快发展也必将促进城市文化软实力建设的内容随之改变，作为一个建筑伦理的资深研究者，秦红岭教授的著作无疑给我们提供了最值得回味的文化琴音与城市构想。能在清晨感受汽车长龙之后，坐在办公室里，在雾霾映衬之下，读这样一部书，会让你感到有一片光明闪烁在心头！

中日文化比较的扛鼎之作

王敏的新书《汉魂与和魂》以一个学者的视角，对中日文化进行了细致的分析和比较。这本书运用比较文化的研究方法，对中日文化进行了深入细致的研究和比对。接到王敏女士的赠书我很高兴，先睹为快；闻之该书在日本也同时出版，想必日本读者也能从中感受到其中妙义！

作者以小见大，行笔十分幽默、洒脱，既透露出对中国文化的深沉热爱，又显示出对日本文化的深层解读。该书分两部分，第一部分分析了中日文化的融合与差异，作者以“中日文化同根异株”为题，从对动物喜爱的一致性这个微小的切口旋入，对日本人关爱动物的文化进行了诙谐的分析，然后又对中国文化中对动物的关照进行了对比分析，从而找出了两国动物文化的异同点和文化渊源。作者风趣地向我们介绍了日本的裸体文化，对日本人喜欢洗澡、“随流而去”的文化进行了细腻的分析，进而归结到中国儒家文化对日本文化的长期影响，同时对日本文化中追求“正义”的文化和追求“自然”的文化进行了对比分析，对日本文化中的伦理基准、志在理性的模式和融合于自然的感性文化进行了更多层面的解读；进而又对日本人为了追求身份认同感所产生的遗骨信仰文化、恩怨平等的处世哲学、“除秽”的风俗进行了审美解读，而在此基础上，对中日共同的“爱故乡”与“爱国家”的形式演变进行了分析，同时在第一部分最后，细化解读了中日相互误解的原因。对“沼泽地”式的日本文化以及日本学者对日本和文化的分析进行了对比研究，同时对日本文化的国际性进行了延展性分析。作者提出了研究日本文化要跨越“同文同种”的误区和异文化间的鸿沟，应该探索一种新的研究方法，即以生活文化和社会文化为视角切入口的研究方法。

而在第二部分“借鉴日本参照中国”中，作者则从更宏大的场面入手，介绍了日本文化的发展状况。作者在这部分首先介绍了日本的混成文化——大禹文化圈。作者在深入研究调查日本大禹文化的基础上，对大禹文化对日本文化的历史影响，对东亚知识共同体的认知象征以及日本当下中国观的形成都进行了深入研究；而对日本的双重语言符号——汉字也进行了由古至今的描述与分析。作者对日本的生活环境分析提到了即使是同样的儒家思想，在中日两国却有不同的价值取向；而对日本当下主流社会对中国的认识则更多地凝聚了人文元素的基点，对承担中日文化交流重任的学者、要人进行了点评式总结分析，让读者体会到中日文化交流研究史的另类记录，分析了当代日本知识分子的教养结构与内涵；而对日本的外交政策主要做了接近中国、走向亚洲层面的文化解读。在日本研究的核心领域——中国和东亚，作者对日本研究的学科背景、认识定位以及国际日本研究的方法论做了较为全面的介绍，同时对比较性视角以及日本国内学者的研究课题进行了分析性批判；对近年来日本兴起的“成果互惠”的实践案例做了较为全面的介绍；还特别介绍了中日韩的对比文化研究，引出对当代东亚文化现状的研究课题。讨论了关于东亚三国间的历史文化、社会生活关联性和共性话题。认为东亚的文化底蕴与平台最初源于中国，而将其传播开的媒介是汉字，这是中华文明连接东亚与世界的悠久无限的通道，指出东亚的未来必将走向多样性交融的文化交流之中。

王敏作为一位在日本生活了30多年的中国学者，对日本文化进行了深入研究。她在后记中提出，她一直有个愿望就是想探究为何自古以来阅读同样典籍的中日两国国民为何存在着诸多别扭？她以文化异同点为切口，试图把隐藏在表层下的中日文化的接点发掘出来。《汉魂与和魂》这本书无疑是作者这种努力的成果之一，作者从所见所闻入手，以学者和平民都能接受的介绍方式对中日文化进行了风趣而客观的解读，既是学术之作，也是闲读文本，使得这本书成为当下中日读者理性了解和分析中日文化的扛鼎之作。

《异香》的意象与异想

孙频的《异香》故事似乎很简单：一个在北京打拼的单身女子去湘西的山坳里旅游，遇到一个“驴友”，故事由此展开，在层层剥笋中，展开对异香的探寻。这对陌生男女的山中之夜，想必会对读者产生诱惑，读者会像故事的主人公所想的一样，都期待会发生一点什么，但两人之间最终什么都没有发生，而故事却转发在山里一家人上。先是出现一个妇女，其次出现一个哑巴儿子，最终给我们揭开了谜底，知道了那份异香的来源，竟然是来自动物标本和填充在村妇丈夫肚里的香料。故事的结尾很动人，虽然读者期待的凡俗故事没有发生，但一脉异香却永远留在了读者的心底。

孙频对故事的掌控好像摸透了读者的心理似的，当我们随着主人公一起悄然前行时，那种对异香的渴望也移植到读者心里。“两个人把屋子仔仔细细打量了一遍，企图找出一点证据好证明这异香就是从这里发出来的。如果一直找不到这源头，就感觉这异香像一个架在空中的鬼，看不清眉目，却驱逐不去，因为它就在你的心里。”当他们知晓了异香的源头来自于哪里时，他们开始变得更加纯净起来，“两个人都没有什么身体上的喧哗，只剩下了一种苍凉的安宁，像月光一样很深很静地从两个人的身体上流淌了过去。”

孙频的小说好读，好读在她知晓当下读者的阅读兴奋点；孙频的小说高端，高端在她的小说能透过生活的现象让人与她一起搜寻到本质性的东西；孙频的小说雅俗共赏，善于把深奥的哲理通过浅显的意象表现出来；孙频的小说带有大家气象，在于她的小说总是在情节涌动中给你一种穿透心扉的震撼力！在孙频的《异香》里，我们可以读到很多文学的意象，读到很多生活中的意象，也会读到我们心灵中渴望的意象。小说的线条似乎很简单，但她给我们诠释了人世的沧桑，人为什么活着？我们应该追求怎样的爱情？人与人之间应该怀有怎样的一种情感？人与动物之间的情感其实是人性之美的延展。孙频的小说直面人生关怀，直接透视人的内心世界，给读者润物细无声的阅读快感。

孙频的小说追求情节简单、语言朴素和感情纯真，这体现在她纷繁的异想中。在这篇小说中，异想之大、之美、之宽泛，同样得以完整展示。作家的视角是散乱的，从对异香的寻找，到一个城市漂泊者对爱情的渴望，性或者青年男女潜意识里的恶作剧都会引出人内心深处的彷徨。还有作家细心刻画了纯朴无邪的山里一家人，山里人与大自然的和谐相处，山里人那种对生命本质的追寻与探问，山里人平凡但却十分真实伟大的生活原生态体验，通过一些情感对比，让两个在城市化生活里滋润惯了的人获得生命的洗礼。孙频小说的散点思维，透出一个作家的构思智慧，也显示了一个作家自觉的精神追求。

我沉浸在阅读这篇小说的意蕴里，想了很多。作为一个“80后”作家，孙频的返璞归真对文坛不啻是一声清脆之音，这种原生态的文学作品，当下的确是太少了！

孤独的歌手

《三人成宴》是作家孙频的一篇精心之作，这篇小说触及人内心深处最柔软的东西。

故事似乎也不复杂，演绎了孙频小说的一贯特色。一个失恋多年的孤独女人，靠终日画画摆脱爱的伤悲，更为了摆脱孤独的纠缠，出租房屋时，碰到了因为厌恶妻子而即将离婚的一个摄影师。故事从此开始，带有西方电影的蒙太奇格调。两个受过伤的男女，感情的跌宕起伏随着情节的展开而渲染开，很像春天里绚烂四开的花朵。

邓亚西是小说的女主人公，这个初恋受挫的女人把十年的时光用在刻画抢去她男友的女人身上，女人成了她生命体液的一部分。孙频的小说描写这个女人对房子的感觉，可谓入木三分："当女人老到一定程度的时候，男人就成了身外之物，房子才是一个女人血肉相连的壳。""楼道像废弃的空罐头瓶一样荒凉，脚步声一装入其中便四处是叮铃咣啷的回声，像是发酵过了一样，溢得到处都是。"邓亚西成了俗世之中昂然向上的一个局外人："整个世界都被这烟火气铸死了，铸得水泄不通，唯独她的房子就像一顶悬浮在烟火之上的小庙，肃穆清冷，她站在庙里看着众生，就像一个修行中的小尼。"直到李塘摄影师的出现，才让这个女人的气色有些和缓起来。初次租房的李塘给人一种与生活中的正常男人不同的举止："这男人的心理绝对是从二十五岁以后就没再长过，光是一张脸在长，心却是怎么都不肯往下老了，像在防腐剂里泡过了一样，舒展得连个褶子都没有。"这样的男人在生活中自然会演绎一场悲剧，所以邓亚西惊人地选中了这样一个租房人，原因在于她的嗅觉灵敏，她认为："人就像兽一样，有一种本能，就是靠着嗅觉在人群中寻找自己的同类和敌人。”这个男人纯粹到一直像个大男孩子：“他披着一张中年男人的人形，却是用颠倒的时光用混乱莫辨的性别填充着内脏，所以在四十岁的时候他还允许自己任性、过敏、无辜、受伤，以及动不动就流泪。他其实是一个残疾人，只是他自己不愿承认。她心酸地看着他，就像心酸地看着她自己，所以，她对他的安抚也是对自己的另一种变相安慰吧。”“邓亚西感觉到了，有一种奇怪的血肉相连正在两个人之间悄悄生长着，她对他越发有了一种无形的依赖感。”从这一刻开始，她开始拥有了倾诉的对象，她也有了倾听的对象。李塘对初次婚姻的绝望，两人惊人得因为爱的过火而最后失去了性能力惊人的相似，在李塘向邓亚西倾诉了自己的失败婚姻之后，邓亚西也向他倾诉了自己的隐秘往事，两个人成了一个孤独硬币的两面，邓亚西回忆自己的昔日爱情时不无感慨地叙述道：“他留给我的所有记忆在我的身体里已经钙化成了岩石，我连搬都搬不走。我根本没有办法把他和那些记忆搬走。”以至于她最终不得不承认：“我后来想明白了，其实什么是爱情，爱情就是结在了你心里的那些疤。你不要碰它，它就永远不会消失。”爱曾经让邓亚西失去了理智：“她曾经站在她的画像前，成千上万次地想把她一块一块地撕碎，就像把这个女人一块一块撕碎，撕碎还不解恨，她恨不得再把这些撕碎的画咬碎吃掉。她从来没有这样恨过一个人，是恨到骨头里都不够的感觉，是撕碎咬碎都不够的感觉。于是，她就不停地把她画出来，在画她的时候，她成了她的上帝。现在，这个假想中的敌人也陪了她十二年了，在这个晚上像伴娘一样陪着她走进了新婚之夜。她开始流泪，然后她回到卧室用被子把自己包起来，包成一团，不想让隔壁的男人听见。”“做爱和结婚本身是一个身体上的两件器官，可是到了她这里就不成立了，两者成了老死不相往来的仇人。”两个单身者的第一次醉酒就让李塘这个失魂落魄的男人，在酒后把自己出卖得精光；第二次喝酒，李塘开始向邓亚西求婚，邓亚西在经历感情的折磨之后，终于答应与这个男人结婚，但二人承诺他们的婚姻为无性婚姻。饮食中的男女生活中总要出现一些转折，作为小说中的两位更是如此。李塘在一次醉意蒙眬之后向邓亚西提出做爱的请求，让邓亚西作呕不止，二人开始了分居。随后二人开始了一段生活冷战，最终还是李塘主动向邓亚西示好：“他给她个台阶，她也就踩着下了。两个人终于在桌子前坐好，开始吃晚饭。萧索了十几日的桌子像枯木逢春一样重新长出了些许生机。”但这次的和好，好景不长，很快滋生爱意的李塘对邓亚西又提出了做爱的需求，但遗憾的是再次遭到了邓亚西的断然拒绝，李塘开始发狠找个女人报复邓亚西，以至于：“邓亚西心里开始暗暗后悔，觉得自己这场婚姻完全就是一个雨天想避雨的穷人去借伞，结果伞没借成，还淋了一身雨。”李塘果然在寻找做爱女人的道路上迈出了新的一步，终于有个年轻的黄发女郎，成为邓亚西眼底下可以整天自由来往的女人。在生活中纠结不已的邓亚西却对这对奸夫淫妇也没有什么怨恨，邓亚西依然拼命地作画，画她仇恨的女人和第一位恋人。直到有一天，李塘提出让邓亚西与自己的黄发女友一起吃饭，才改变了故事的走向，使得邓亚西突然觉得：“她在和无尽的岁月干杯，她在和那已成云烟的画中的男人和女人干杯。眼前这个男人和女人像道具一样成全了她十年前的一幅画。”在这顿饭之后，李塘毅然选择离开了邓亚西，而邓亚西最后经受不了这般打击也成了一个精神病人。

孙频在这部小说里给我们描绘了城市中的孤独者，描写了无性婚姻者内心深处的痛苦。在爱与善的呼唤中，生活在孤独中的人们心灵深处的悲鸣。作者所描摹的人群，带有鲜明的代表性，随着城市化进程的加快，这类人群的数量正在日益增多，透视他们内心深处的独白，能促进人性的自我完善。尽管这些孤独者还构不成社会的主流，但对其纵深描写自然能丰富当代孤独者的形象。孙频是一位孤独的歌手，她在用自己的笔触为这类人群塑像，这对具有阳光心态的人们或许是一种最好的提醒和警示，关心孤独者，是社会更是作家义不容辞的责任。

光明在哪里？

杨袭的小说《陷落抑或飞升》，给我的感觉更像羽毛在飞翔。在我逐渐对当下文学产生厌倦的时候，读到这样的文字的确令我为之一振。正如作者的开头题记一样“肉体在世俗中痛苦地享乐，灵魂在世俗中快乐地挣扎”。我随同开往光明城的大巴，也一并感受了飞翔的快乐和沉沦的痛苦。

作者是智慧的，构思了一座无法知晓什么模样的目的地——光明城，制造出一个快乐或者痛苦的旅途。聪明的杨袭在小说里给我们描述了轻佻的乘务员、充满物欲和精神享受的群体，在很多富有特色的语言对白中让我们感受到人生的无奈和追求的惶恐。

作为一个在铁路工作多年的评判者，我对作者的构思感觉到一种巧妙的力量，同时惊叹作者的洞幽烛微的观察带有震撼人心的力量，作者的描述带有一种调侃的智慧，在不断涌动的语言之河里，我们随着这辆开往光明城的大巴一起咏叹。年轻时我习惯于坐火车出行，悠然的火车带我从一个城市到另一个城市，城市充满了诱惑，因为提前知道目的地，所以整个旅途的盼望都有一种归宿感。我们熟悉一个陈旧的城市，渴望到一个对自己来说崭新的城市，城市在我们的渴望中逐渐明晰起来，在这个世界上，越来越多的人向往那些遥远的大城市，甚至异国他乡的城市，在无数作家的笔下，一座座具体的城市给我们无限想象的空间，这是怎样的一种感受啊！在漫长的旅途中，对一座城市的向往成就了我们旅途的快乐，也许在旅途上会诞生爱情，我曾经在年轻时，犹如戴望舒撑着油纸伞一样在火车上渴望一种爱情的抵达，尽管长长的车厢走了又来，来了又走，爱情却一直没有光顾。车厢是容易让人产生遐想的地方，在众多的感受里，旅途有时重于目的地的抵达。看杨袭的小说，我好像又重新回到久违的车厢，这样的时光很美，一种旅途的爱伴着双簧管的声音，我在无数个跑通勤的夜晚，听着旅人的鼾声，或者猜拳行令的声音，有时是放屁或者做爱的声音，我熟悉火车上的一切。开往北方火车的寒冷或者凝重，从南方开来的火车上的橘子给我们带来温暖的感觉。但没有一辆火车像杨袭的大巴一样充满着这样十足的诱惑，这辆驶往光明城大巴和火车一样充满着无穷的诱惑。

在作家的笔下，那放荡的乘务员和公允的人士一样栩栩如生，似乎作者在向我们描绘着：不管合不合理，存在还是存在——高尚也罢，卑劣也罢。在这辆车上，一群浑然不知光明城是什么模样的人有着各自的梦想，我们无法探究他们的内心世界，但是有一点可以肯定，有些人是为了物质而去，有些人是为了精神而往。在统统往下扔掉衣服的举动里，我感受到一种释放和摆脱的快感。虽然把人生说成是一次有些蹩脚的话语或者陈词滥调，但我们应该承认，杨袭的大巴车却拥有着一种人生的讽喻。几乎每种人的生活都可以在这里找到注脚。这个大巴太丰富了，它里面似乎聚集了妓女、职业工人、政客、律师、歌唱家、军人后裔、无产者、悲哀的老妇等类人，无论是诚实的小孩，还是浪漫的艺术家，乃至我这样一个关键时刻还没忘记藏一点金币的促狭者，在作者的描述里，都活灵活现，富有韵味，我不时会意一笑。

作者的语言概括功力非凡，在看似平凡的旅途中，囊括了人类在精神物质搜寻、平衡、扭结、升华中的快乐和痛苦。我清晰感受到在性欲之河里，高雅有高雅者的理论，庸俗有庸俗者的诠释。我们无法辨明对错，历史长河一直在追问人类，人类直至灭亡也不可能有更明确的回答。

光明城是一种幻想，光明城或者是一种宗教之城，或者是一种未来之城，或者是一种希望之城。这座人类永远不可能抵达的城市里，藏有人类的一切幻想。作家向我们展示了他父亲倾其所有购买一张这样的车票，冒着再也不能见到女儿的失亲之苦，支持鼓励女儿毅然踏上这样一条追求路，为着心目中的光明城。我似乎感觉到，每一个人，无一例外一出生，便踏上追求之路，有的人看上去很成功，有人则失意。但可以肯定的是，在人生这趟列车上，相对于“当下”和“明天”、“光明城”等等是概念，是混沌的。向往明天，犹如我小时候向往长大，向往外面的生活，向往别的国家。这是一个尴尬的悖论，向往的难以实现和现实的无奈境遇，每个人似乎都在挣扎，我们在看我们周围的生活，时刻在良心和欲望中徘徊，在明天和今天中踌躇，在寒冷与温暖中犹豫。来不及对生活进行评判，我们的人生就结束了；还没有对人生进行享受，天空的乌云就遮蔽了我们赶往光明城的路。尽管光明城是一种虚无，但代表了我们心目中的向往，代表了我们心目中一种圣洁的所在，代表了我们的渴望和追求。

我们一直在路上，或者我们直至死亡都无法抵达心中的光明城，但光明城给了我们心灵一块向往的天空。旅途的无奈、伙伴的浮躁和环境的嘈杂可能会左右我们的思想，难耐的性欲、死亡的恐怖等生理的维度在切割着我们形而上的东西，但我们不会放弃赶往光明城的道路，尽管我们迷茫着，这是整个人类遇到的命题。而不管怎样，随着结尾婴儿的一声啼哭，新的生命和追求，又开始了，无论当下是陷落是升华，生命，都在延续。杨袭的大巴车，浓缩了这样人类的困惑，让我们在沉沦中向往飞翔，在飞升里感受现实的牵坠。这是一辆驶往未来的大巴，更是一辆现实的大巴，也是思想的大巴，呼唤的大巴，藏着女作家杨袭对人类终极关怀的大巴。

杨袭是一位具有锐意思索意识的女作家，近年的进步让我叹为观止。作家不是靠简单的象征来表述自己的一种宏观思想，更多的时候，作家所描述给我们的是世俗的车厢，在世俗的旅途中做非凡的思考。我无意去评点作者描绘的每一个人物，但我喜欢作者顺应时代潮流的叙述方式，作家杨袭巧妙地借鉴了更多的国外作家笔法，糅合了具有时代感的表述要素，语言富有张力，使我们感觉旅者的丰富变化，情节的跌宕起伏，作者涌动的思想潮流。阅读的愉悦使我一口气读完作者的文章，作家的语言干净，不枝不蔓；语言对白高度浓缩又符合人物身份；与现代因素的巧妙嫁接让读者阅读起来又增加了亲近感，必要的概括性语言好像诱惑读者贪食的香味一样起着领路的作用。通观杨袭的这篇小说，我更多地读到了作者的才气、胆量和远见。我出生在齐鲁大地，多年的异地漂流让我对故土的作家有了一种疏离感；故乡作家的质朴又增加了我对齐鲁作家的疏离。

读杨袭的小说，让我读到了一种另样的智慧和清新，所以我借此衷心祝愿这个年轻女作家有更多佳作问世，我会一如既往地关注她的创作，希望她能满足我这样一个普通而又苛刻的读者的愿望！

后　记

编选完这部书稿，好像对过往的时光做了一个交代。生活对一个写作者来说永远是记录不完的海洋，而学术对一个写作者而言意味着凝思和沉重。今后我不知道自己是否还会出这一类文字的合集，但散乱的树叶收集起来，也会构成璀璨的金黄，哪怕这些金黄是最后构成灰烬的前提。因为这个世界从来不缺少对果实的珍惜，而对树叶的珍藏越来越成为诗意的象征了。

北京开始晴天了，在环境污染对每个人构成伤害的时候，人们的言论很容易达成对雾霾驱逐的共识，而学者就是那些在雾霾的朦胧期就大声呼吁的人，学术构建的过程虽然会破坏文学的想象力，但从某种意义上说，这种学术构建对人类的发展更有深层次的意义。因为文学所指的常常是形象的装束或血肉，而学术构建的快乐就在于寻找当下世界所需要的骨架。

做作家是自由的，做学者是沉重的，做一位构建学术思想的作家需要更多的舍弃与追求。在学术之路上，我还没有入门，而今后的路还很长，我愿意做一位殉道者！

值得备注的是，本书所有论文在发表时均按照学术规范注明引文出处，限于时间和篇幅，编辑本书时未再列引文出处，特此说明，同时也向所有引文作者致歉！

戴荣里

2014 年 12 月 17 日于北京朝阳区翠城馨园游燕斋